武汉市财政学校课程训练体系丛书

前厅服务技能训练体系

何　竞　主编

中国建材工业出版社

图书在版编目（CIP）数据

前厅服务技能训练体系/何竟主编. --北京：中国建材工业出版社，2020.1
ISBN 978-7-5160-2752-3

Ⅰ.①前… Ⅱ.①何… Ⅲ.①饭店-商业服务②饭店-商业管理 Ⅳ.①F719.2

中国版本图书馆CIP数据核字（2019）第271432号

前厅服务技能训练体系
Qianting Fuwu Jineng Xunlian Tixi
何 竟 主编

出版发行：中国建材工业出版社
地　　址：北京市海淀区三里河路1号
邮　　编：100044
经　　销：全国各地新华书店
印　　刷：北京鑫正大印刷有限公司
开　　本：787mm×1092mm　1/16
印　　张：8.25
字　　数：190千字
版　　次：2020年1月第1版
印　　次：2020年1月第1次
定　　价：35.00元

本社网址：www.jccbs.com，微信公众号：zgjcgycbs
请选用正版图书，采购、销售盗版图书属违法行为

前　　言

前厅是客人进入酒店的第一个接触点，也是客人离开酒店的最后一个接触点，它直接关系到客人对住宿的满意程度和对酒店的整体印象。在现代化酒店里，前厅往往被认为是整个酒店的核心部门，无论是在岗位设置、员工素质，还是在运行管理机制上，要求都高于其他部门。因此，前厅服务与管理已成为酒店企业经营与管理中至关重要的组成部分。

前厅服务技能训练课程是职业学校高星级酒店运营与管理专业学生的前厅岗位综合实训课程。它既是学生完成专业理论知识课程和专业技能课程之后的综合性实训课程，又是学生定岗实训和就业实习的准备性训练课程，还是集专业理论知识、职业岗位技能、岗位实践于一体的综合能力训练课程。

本书共十八个实训项目，学生使用本训练体系，可在阅读、了解各个实训项目的相关理论知识的基础上进行操作流程的演练；教师使用本书，可以了解各个训练项目的程序和标准，从而更好地指导和评价学生操作流程的演练。

本书由武汉市财政学校酒店管理专业何竟老师主编。武汉市财政学校的徐俊、袁春云、黄丹丹、杨秀丽，武汉君澜大酒店的谭艳等对本书的编写提出了宝贵的意见和建议，在此一并表示感谢。由于作者的知识水平有限，书中的不当之处在所难免，恳请广大读者批评指正。衷心希望本书能成为广大教师与学生的良师益友。

编　者

目　　录

实训项目一　电话和网络预订

【实训目的】

通过电话和网络预订的实训，学习如何利用电话接受客人订房的相关知识，掌握电话推销酒店客房、电话咨询等工作技能和网络操作步骤

【实训时间】

12 学时

【实训准备】

实训场地准备：模拟前厅
实训用品准备：模拟电话、电脑、预订单、房价表、笔
仪容仪表准备：学生统一着制服，女生盘发

【相关知识】

知识点一　客房预订的意义

客房预订是指客人在抵店前要求酒店为其在某一时间段保留客房而履行的订约手续，又称订房。

1. 是酒店一项有力的销售手段。
2. 有助于酒店更好地预测未来客源，及时调整销售策略。
3. 有助于酒店在劳动力、物资等方面的合理调配，使顾客省时、省心、省力。

知识点二　客房的种类

按照房间的设施配备情况划分。

（1）单人间（Single Room）
（2）大床间（Double-size Room）
（3）双床间（Twin-size Room）
（4）三人间（Triple Room）
（5）套间（Suite Room）
普通套间（Junior Suite）
豪华套间（Deluxe Suite）
总统套间（Presidential Suite）

知识点三　预订的方式

1. 电话预订（Telephone）

2. 传真订房（FAX）
3. 国际互联网预订（Internet）
4. 信函订房（Mail）
5. 口头订房（Verbal）
6. 合同订房（Contract）

知识点四　电话订房的特点

最普遍的方式，快速、简便、易于沟通。

知识点五　网络预订特点

这是目前国内外较先进的订房方式。随着计算机技术的迅速发展以及互联网的不断扩展，越来越多的客人乐于使用这种成本低廉、操作快捷，又具有个性化的预订方式。

知识点六　预订相关表格

客房预订单

ROOM RESERVATION FORM

确认号
CFMN NO

抵店日期 ARR DATE ________ 年 YY ________ 月 MM ________ 日 DD　时间 TIM ________　航班车次 FLT/TN NO. ________

离店日期 DEP DATE ________ 年 YY ________ 月 MM ________ 日 DD　时间 TIM ________　航班车次 FLT/TN NO. ________

客人姓名 GUEST NAME	客　史 GUEST HISTORY	最晚入住时间 LASTEST CHECK-IN TIME	联系电话 TEL
房间种类 ROOM TYPE	房　数 NUMBER OF ROOM	价　格 RATE	VIP

备注：订房担保：传真□信用卡□现金□支票□其他□ ________

REMAKS

公司名称 COMPANY NAME ________　电话/传真 TEL/FAX ________

订房联系人 CONTACT PESON ________　受理人 TAKEN BY ________　日期 DATE ________

电话预订操作流程和步骤

序号	项目	标准
1	问好	1. 电话接起的时间为不超过20秒或者电话铃响三声内。 2. 问好的内容。 3. 问好的语气。 4 问好的快慢。 5. 报部门和姓名
2	明确宾客要求	1. 了解宾客的来电目的。 2. 了解宾客预订的要求。 3. 询问宾客的要求时要掌握技巧，尽量用一句话简明概括。 4. 不要遗漏应该明确的内容，如宾客姓名、预订房型、数量、时间、入住宾客姓名、房价、特殊要求等
3	受理或婉拒预订	1. 查询电脑，看是否有符合客人要求的客房，尤其是时间、数量、种类要注意，若特殊要求不符合应征询宾客意见。 2. 若无宾客所需房型，应该建议宾客预订其他房型客房。 3. 若无宾客满意的客房，应婉拒宾客，给宾客先做一个等待预订，待有宾客所需客房时及时通知宾客
4	询问客人情况	1. 询问抵达航班及时间。 2. 向客人说明房间保留到入住当天18：00。 3. 若客人抵达的时间超过18：00，可用信用卡担保预订。 4. 询问客人付款方式：①现金结账；②信用卡结账；③旅行支票结账；④旅行社给客人的支付凭证；⑤预付款
5	重复确认预订	1. 受理预订后，应该把宾客所做的预订重复一遍（客人姓名、预订日期、抵达和起飞航班、房间种类、房价、数量），征询宾客的意见。 2. 补充宾客的特殊要求（接机、订餐、订票等服务）。 3. 留下宾客联系方式。 4. 确认付款方式
6	向宾客告别和祝福	1. 向宾客告别。 2. 祝福宾客。 3. 表达期望宾客的到来之意。 4. 待宾客挂电话之后再挂电话
7	向宾客递交确认预订书	1. 向宾客传真预订确认书。 2. 明确宾客到店时间
8	预订资料核对、修改和取消	1. 及时跟宾客核对预订资料。 2. 若有与宾客要求不符合之处，及时修改。 3. 若宾客行程有变，需取消预订，应及时按酒店要求取消预订，填写相应取消单据，尤其是取消原因

情景模拟

散客电话客房预订

预订员：（接听电话）您好！国贸大酒店预订部。

客　人：你好！我想订一间客房。

预订员：好的，先生。请问您要订什么时间的客房？住几天？

客　人：5 月 3 日，住两晚。

预订员：几个人住？订几间？

客　人：两个人，订一间。

预订员：好的。先生，您是 5 月 3 日抵店，5 日离店，住两晚，对吗？

客　人：是的。

预订员：好的，先生。（查看计算机）我们这里有豪华套房，房间宽大舒适，设施设备先进，颇具欧式风格，入住后可享用免费早餐，房价每晚 1200 元；有标准套房，每晚 800 元，同样可以享受免费早餐，两种房间都配有互联网插口。您看，您喜欢哪种类型的客房？

客　人：订个标准套房就可以了。

预订员：好的，先生。请问您是自己住还是代别人订？

客　人：自己住。

预订员：请问您的全名是？

客　人：我姓张，张军。

预订员：张军先生，您好！您是弓长张，军人的军，对吗？

客　人：是的。

预订员：张先生，请问您将以什么方式结账？现金还是信用卡？

客　人：现金。

预订员：好的，张先生。您需要保证您的订房吗？您知道五一黄金周期间客人会很多，对于普通订房我们只保留到抵店日当天 18 点。您可以先用信用卡担保，到时候再用现金结账就可以了。

客　人：不用了，我下午 4 点就到了。

预订员：好的。张先生，请问您是坐火车还是乘坐飞机来？我们酒店有免费的穿梭巴士和机场专车接送客人。

客　人：我乘飞机从上海来。

预订员：请问您的航班是？

客　人：××次。

预订员：张先生，请问您的电话和传真是多少？我们会及时与您取得联系。

客　人：电话是 12345678，传真是 87654321，区号是 00。

预订员：谢谢！张先生，请允许我向您核对以下内容：您订的是标准套房，每晚 800 元；5 月 3 日抵店，5 日离店，现金结账，从上海乘××次航班前来，您的联系电话是 12345678，传真是 87654321，区号是 00，对吗？

客　人：没问题。
预订员：谢谢您，张先生。如果您在抵店前有什么变更，请及时通知我们好吗？
客　人：好的。
预订员：张先生，感谢您订房，我们期待您的光临。
客　人：不用谢，再见！
预订员：再见！

中英文实例

A：Advance Reservations. Can I help you?
酒店预订服务，有什么可以帮助您的吗？

B：Yes，I'd like to book a single room with a bath from the afternoon of October 20 to the morning of October 24.
是的，我想预订一个有浴室的单人间，从 10 月 20 日下午住到 10 月 24 日早上。

A：Yes，we do have a single room available for those dates.
好的，我们这几天里有空闲的单人间。

B：What is the rate，please?
请问入住价格是多少？

A：The current rate is $90 per night.
现在的价格是每晚 90 美元。

B：What services come with that?
一起提供的服务有哪些？

A：For $90 you'll have a color television，a telephone，a major international newspaper delivered to your room everyday.
90 美元提供的服务包括彩电、电话和每天一份送到您房间的主要国际报纸。

B：That sounds not bad at all. I'll take it.
那听上去不错。我要预订这个。

A：Very good. Could you tell me your name，sir，please?
非常好。先生，您能告诉我您的名字吗？

B：Yes，it is Moore.
好的，我姓摩尔。

A：How do you spell it，please?
请问如何拼写？

B：It's M-O-O-R-E.
M-O-O-R-E。

A：M-O-O-R-E. And what is your address，please?
M-O-O-R-E。请问您的地址是？

B：It is 3600 Montague Boulevard，Hattiesburg，Mississippi 39401 U. S. A..
美国密西西比州，哈蒂斯堡，蒙塔古大道 3600 号。

A：Excuse me，sir，but could you speak a little more slowly，please?

不好意思，先生，您能说得慢一点吗？

B：Sure，no problem. It's 3600 Montague Boulevard，Hattiesburg，Mississippi 39401 U. S. A. . Have you got it?

好的，没问题。是美国密西西比州，哈蒂斯堡，蒙塔古大道 3600 号。您听清楚了吗？

A：Yes，so it is 3600 Montague Boulevard，Hattiesburg，Mississippi 39401 U. S. A. .

是的，所以您的地址是美国密西西比州，哈蒂斯堡，蒙塔古大道 3600 号。

B：That's right.

对。

A：What about your telephone number?

您的电话号码是？

B：123456789. By the way，I'd like a quiet room away from the street if that is possible.

123456789。顺便说一下，如果可能的话，我喜欢离街道远一点的安静的房间。

A：A quiet room away from the street is preferred. OK. Well mail you a reservation card confirming your booking as soon as possible. We look forward to your visit.

喜欢一个离街道远的安静的房间。好的。稍后将预订卡发到您的邮箱以便您尽快确认您的预订。我们期待您的光临。

B：Thank you and good-bye.

谢谢。再见。

A：Good-bye.

再见。

网络预订操作流程和步骤

序号	项目	标准
1	接受网络预订申请	1. 预订岗位每个班次定时在网络预订系统中搜寻预订信息。 2. 记录并汇总所有的网络预订信息。 （1）预订客人姓名。 （2）预订客人的订房需求：客房种类、数量、抵店时间、住店夜次。 （3）预订客人的联系方式（电话号码、E-mail、通信地址）
2	查看电脑房状况系统	1. 查看电脑房状况系统，确定是否有符合客人预订的房间，如有，做好相应记录。 2. 确认本酒店的现实情况是否能满足客人的用房需求：房间类型、价格、付款方式等
3	接受网络预订	1. 如房间类型、价格、付款方式等不能满足客人要求，应尽快与客人联系，积极推销酒店其他类型房间。 2. 如本酒店的现实情况能满足客人的用房需求，接受该客人的预订申请。 3. 按规定填写预订登记卡，在预订控制簿上标出已出租记号。 4. 将填写好的预订登记卡，按住宿日期及客人姓名的字母顺序排放在预订架上

续表

序号	项目	标准
4	回复预订申请	回复客人的预订申请，向客人说明其预订已经被接受： （1）以电子邮件附件的方式给予预订单回执； （2）以信函的方式给予打印预订单回执
5	预订结束	保存客人的网络预订资料，建立客人档案

【课堂组织】

一、班前会

根据全班人数分成10个小组，模拟酒店前厅部员工开班前会。

1. 上课铃响，集合、点到；
2. 检查仪容仪表；
3. 任课教师模拟领班或主管发言：总结前一天的工作情况，安排今天的工作任务。（复习上节课知识点，布置实训任务）

二、教师示范

1. 教师讲解实训课教学内容、教学目的；
2. 教师讲解相关知识；
3. 观看教学录像；
4. 教师简单讲解操作程序及要点；
5. 由教师模拟电话预订员，抽选学生模拟客人，进行一次电话订房示范。

三、学生训练、教师巡查

（一）基本训练

1. 按照两人一组，使用道具和正式表格，分别模拟预订员和客人进行电话订房的操作技能训练。

2. 学生交换角色，再次进行操作技能训练。

（二）应变训练

1. 将每组学生一分为二，与另一组学生配合，分别模拟预订员和客人，要求模拟客人的学员在预订过程中尽量想出各种合理的特殊要求，请模拟预订员的学员应答。

2. 变换两组学生模拟的角色后，再进行一次练习。

（三）注意事项

1. 在提拿电话时注意轻拿轻放，体现服务中的“三轻”原则。

2. 在接听电话时，语气委婉，语音清晰，语速平缓适中。

3. 训练全过程应体现“以客人为主”的原则，并运用礼貌用语，培养学生礼貌待客的良好服务意识以及灵活处理问题的能力。

4. 建议训练在 8 分钟内完成。

四、案例实训

巧妙推销豪华套房

一天，南京某四星级酒店前厅部预订员小夏接到一位美国客人霍曼从上海打来的长途电话，想预订每天收费 180 美元左右的标准双人客房两间，住店时间 6 天，3 天以后来酒店住。小夏马上翻阅预订记录，回答客人说 3 天以后酒店要接待一个大型会议的几百名代表，标准间已全部预订完，小夏讲到这里用商量的口吻继续说道：“霍曼先生，您是否可以推迟 3 天来店?”霍曼先生回答说：“我们日程已安排好，南京是我们在中国的最后一个日程安排，还是请你给想想办法。”

小夏想了想说：“霍曼先生，感谢您对我的信任，我很乐意为您效劳，我想，您可否先住 3 天我们酒店的豪华套房，套房是外景房，在房间可眺望紫金山的优美景色。紫金山是南京名胜古迹集中之地。室内有我们中国传统雕刻的红木家具和古玩瓷器摆饰；套房每天收费也不过 280 美元，我想您和您的朋友住了一定会满意。”小夏讲到这里，等待霍曼先生回答。对方似乎犹豫不决。小夏又说：“霍曼先生，我想您不会单纯计较房价的高低，而是在考虑豪华套房是否物有所值吧。请告诉我您和您的朋友乘哪次航班来南京，我们将派车来机场接你们，到店后，我一定先陪你们参观套房，到时您再作决定好吗？我们还可以免费为您提供美式早餐，我们的服务也是上乘的。”霍曼先生听小夏这样讲，觉得还不错，欣然同意先预订 3 天豪华套房。

1. 学生案例演绎。

教师简单介绍案例背景后，学生根据案例需要，以小组为单位演绎案例。

2. 展示完后进行集体讨论分析，交流各自意见。

3. 教师案例分析总结。

在本案例中，小夏接待客人来电预订房间的整个销售过程做得很到位，体现了一名前厅服务员应具有的良好的综合素质，这体现在以下几个方面。

1. 接待热情、礼貌、反应灵活、语言得体规范，做到了无“NO”服务，在接待霍曼先生电话预订的过程中，为客人着想，使客人感到自己受到重视，因而增加了对酒店的信任和好感。

2. 小夏在推销豪华套房的过程中，采用的是利益引诱法，即严格遵循了酒店推销的是客房而不是价格这个原则，因而报价委婉，采用了“三明治式”报价方式，避免了高价格对客人心理产生的冲击力。

（1）先介绍客房情况：A：先住两天我们酒店的豪华套房，套房是外景房，可以眺望紫金山的优美景色；B：房间内有中国传统雕刻的红木家具，古玩瓷器摆饰。

（2）报价委婉：豪华套房每天每套收费不过 280 美元。

（3）在报价后，再介绍选择后的好处，所提供的服务。

A：我们到时派车来机场接你们；

B：我们的服务是上乘的；

C：免费提供美式早餐。

这里所讲的利益引诱法，并非是让客人上当受骗，而是一种促销技巧，在客人权衡以后，感到物有所值，因而接受其价格。小夏在巧妙推销豪华套房的过程中，并没有强求客人预订，而是巧妙地如实介绍豪华套房的情况及客人选择后可享受到的服务。这样客人才会欣然接受，最后小夏使客人还有一次选择决定的机会。如：到店后我一定先陪你们参观，到时你们再做决定好吗？这就更增加了霍曼先生对小夏及酒店的信任感。

案例点评：

小夏积极主动，成功地销售客房，遵循了酒店销售的是客房而不是价格的原则，在销售过程中，语言亲切，自然诚恳，善解人意，反应灵活，运用了心理学知识，提供了针对性服务，同时办事效率高，体现了小夏良好的思想素质和优秀的业务素养。

本案例的教学，使学生很容易地理解了前厅服务工作的几个重、难点问题，也懂得了作为一名前厅服务员应具备什么样的素质，达到了很好的教学效果。

五、实训总结

（一）由教师讲解操作要点

1. 电话预订要注意微笑的表情，但学生练习时要避免眼神的交流和肢体语言的使用。

2. 注意记录客人预订要求时，不能不说话，让话筒空置。

3. 语言要简练。

4. 预订员在电话预订过程中要有主动性，主动推销客房；通过提问主动引导客人说出订房要求；通过语言暗示，主动告知客人；电话预订办理完毕，客人挂断电话后，方可挂断。

5. 客人提出接机、订餐、订花等各种特殊要求时，预订员要有正确的应答。

（二）回答学生提问

（三）教师根据学生实训情况进行总结表扬

【实训考核】

客房电话预订业务实训测试表

班级：________________　姓名：________________　时间：________________

序号	考核内容	考核要点	评分标准	配分	得分
1	问好	（1）电话接听 （2）问好	（1）未在响铃三声内接起电话者扣2分 （2）问好内容错误者扣2分 （3）问好不清楚者扣2分 （4）语气不当者扣2分 （5）语速太快者扣2分	10	

续表

序号	考核内容	考核要点	评分标准	配分	得分
2	明确宾客要求	（1）询问宾客姓名 （2）询问宾客预订的要求 （3）询问宾客的特殊要求	（1）询问宾客姓名有误或漏问者扣2分 （2）未在谈话过程中提及宾客姓名三次者扣2分 （3）未将宾客预订要求问全者扣2分 （4）询问时间过长者（三分钟内）扣2分 （5）其他扣2分	10	
3	受理或婉拒预订	（1）正确查询电脑 （2）受理预订 （3）婉拒预订	（1）未查询电脑者扣5分 （2）查询电脑看错预订内容者扣2分 （3）受理出现差错者扣2分 （4）直接拒绝宾客预订者扣10分 （5）客房介绍不当者扣1分	20	
4	重复确认预订	（1）重复宾客预订要求 （2）补充宾客预订特殊要求 （3）给宾客做预订	（1）未重复宾客预订者扣1分 （2）未补充宾客预订特殊要求者扣1分 （3）未留下宾客电话者扣3分 （4）未给宾客在电脑上做预订者扣4分 （5）未做书面预订者扣1分	10	
5	向宾客告别和祝福	（1）向宾客告别 （2）祝福宾客 （3）表达期望宾客的到来之意 （4）待宾客挂电话之后再挂电话	（1）未向宾客辞别者扣2分 （2）未向宾客祝福者扣2分 （3）未向宾客表达欢迎者扣1分 （4）未等宾客就先挂电话者扣1分 （5）其他扣4分	10	
6	向宾客递交确认预订书	（1）向宾客传真预订确认书 （2）明确宾客到店时间	（1）未向宾客传真预订确认书者扣5分 （2）未明确宾客到店时间者扣5分	10	
7	预订资料核对、修改和取消	（1）及时跟宾客核对预订资料 （2）若有与宾客要求不符之处，及时修改 （3）若宾客行程有变，需取消预订，应及时按酒店要求取消预订，填写相应取消单据，尤其是取消原因	（1）未按照酒店规定进行预订确认者扣5分 （2）未及时修改预订者扣10分 （3）未写明宾客取消原因者扣5分 （4）未做预订取消者扣10分	30	
合计				100	

【情景创设】

1. 人员：预订员和客人。

2. 地点与情景：海湾大酒店预订部，电话预订。

3. 电话内容：散客带亲戚共四人，订海湾大酒店相邻海景房两间两晚，入住时间为10月27－28日两天，正好为周四和周五，客人要求打六折，预订员需向部门经理请示，费用付现金。不需接机。

4. 操作要求：两名学生分演预订员与客人，利用以上信息模拟电话预订房间，可适当询问并补充认为有用的信息；完成一段订房对话，填写一份订房表。

实训项目二　当面预订

【实训目的】

通过当面预订的实例，学习预订咨询、推销客房、当面预订客房的相关知识和技能

【实训时间】

12 学时

【实训准备】

实训场地准备：模拟前厅
实训用品准备：预订单、房价表、笔
仪容仪表准备：学生统一着制服、女生盘发

【相关知识】

知识点一　预订的种类

1. 非保证类预订（Non-Guaranteed Reservation）
（不能保证酒店因客人未抵店又未取消而收取费用）
ⅰ. 临时预订（Advanced Reservation）
（临时预订是客人在即将抵达酒店前很短的时间内或在到达的当天联系订房）
ⅱ. 确认类预订（Confirmed reservation）
（酒店依然可以事先声明为客人保留客房至某一具体时间，过了规定时间，客人如未抵店，也未与酒店联系，则酒店有权将客房出租给其他客人）
2. 保证类预订（Guaranteed Reservation）
指客人保证前来住宿，否则将承担经济责任；而酒店也保证在任何情况下都将预留房间直至客人计划抵店次日的某个时间为止（国际惯例是次日中午 12：00）。

知识点二　当面预订的特点

面对面与客人洽谈订房事宜，使预订员获得机会详细了解客人要求，同时还可以根据客人喜好、行为特点，甚至面部表情变化进行有针对性的推销。必要时还可以展示客房给客人选择，能更好地与客人沟通并建立良好的信任关系。但很难了解客人的信用状况。所以在此类订房客人没有预付押金时，应向客人说明所订房间的保留时间。

知识点三　客房推销技巧

由于客人对产品价值和品质的认识程度不一样，客房的价格，有些客人认为合理，

而有些客人则感到难以承受。在这种情况下，应积极引导，促进其购买行为。

▲ 给客人进行比较的机会

前厅接待人员可根据客人的特点，向他们推荐两种或三种不同房型、价格的客房，供客人比较、选择，激发客人的潜在需求，从而增加酒店收益。例如，一个看上去很有身份的商人，要订一个普通标准房，提供给客人选择，并加以描述性语言，可能会收到比较好的效果。在推销过程中，接待员应避免将自己的观点强加于客人，切记接待人员的责任是推销，而不是强迫对方接受。过分的"热情"会适得其反。某些时候，即使客人因员工的坚持而勉强接受了某种房间，酒店多赚了一些钱，但永远补偿不了他因被迫接受而可能不再光顾该酒店的损失。因此，应尊重客人的选择，即使客人最终选择了一间较便宜的或相对档次较低的客房，也要表示赞同与支持。

▲ 坚持正面的介绍

前厅接待员在介绍不同的房间供客人比较时，要着重介绍各类型客房的特点、优势给客人带来的方便和好处，指出它们的不同。

接待员应善于将客房或客房所处环境的不利因素转化为给予宾客的便利。

▲ 利益引导法和高码讨价法

利益引导法和高码讨价法，是客房部两种有效的销售技巧，可以在客房销售过程中加以运用。

利益引导法，是对已预订到店的客人，采取给予一定附加利益的方法，使他们放弃原预订客房，转向购买高一档次价格的客房。

高码讨价法，是指在客房销售中向客人推荐适合其地位的最高价格客房。根据消费心理学，客人常常接受接待员首先推荐的房间。如果客人不接受，再推荐价格低一档次的客房，并介绍其优点。这样由高到低，逐层介绍，直到客人做出满意选择。

高码讨价法适合于向未经预订、直接抵店的客人推销客房，从而最大限度地提高高价客房的销售量和客房整体经济效益。

▲ 适当让步法

在市场经济条件下，市场的多变性决定了价格的不稳定性，价格因不同客人而不同也早已成为十分普遍的现象。所以对于确实无法承受门市价格的客人，适当地给予优惠也是适应市场、适应竞争的重要手段；否则，就会出现将客人主动地推到竞争者手中的现象。但要注意优惠幅度应控制在授权范围内，并要求员工尽量不以折扣作为达成交易的最终手段，并配全各种奖励措施，鼓励员工销售全价房。

▲ 选择适当的报价方式

1. "夹心式"报价

"夹心式"报价方式适用于中、高档客房，可以针对消费水平高、有一定地位和声望的客人入住的可能性。

2. "鱼尾式"报价

"鱼尾式"报价方式适合推销中档客房。先介绍所提供的服务设施和服务项目及客房特点，最后报出房价，突出产品质量，减弱价格对客人的影响。

3. "冲击式"报价

"冲击式"报价方式适合推销价格比较低的房间，以低价打动客人。即先报出房间价格，再介绍房间所提供的服务设施和服务项目等。

总之，价格放在什么阶段报、报价的顺序以及报几种房价等，都要根据不同客人的特点与需求，有针对性地宣传推广。

▲ 可以对犹豫不决的客人多提建议

许多客人并不清楚自己需要什么样的房间，在这种情况下，接待员要会观察客人的表情，设法理解客人的真实意图，了解客人的特点喜好，然后按照客人的兴趣和爱好，有针对性地向客人介绍各类客房的特点，消除其疑虑。假若客人仍未明确表态，接待员可以运用语言和行为来促使客人下决心住客房。

知识点四 房价种类

1. 门市价、标准价（Rack rate）
2. 团队价（Group rate）
3. 商务合同价（Commercial rate）
4. 旺季价 & 淡季价（Peak season rate、Low season rate）
5. 免费房（Complimentary room）
6. 家庭租用价（Family Plan Rate）
7. 白天租用价（Day Use Rate）
8. 加床费（Rate for Extra Bed）

计价方式：

（一）欧洲式（European Plan，简称“EP”）：房费

只包括房费，而不包含任何餐费的收费方式，为世界上大多数酒店所采用。

（二）美国式（American Plan，简称“AP”）：房费＋一日三餐

不但包括房费，而且包括一日三餐的费用，因此，又被称为“全费用计价方式”，多为远离城市的度假性酒店或团队客人所采用。

（三）修正美式（Modified American Plan，简称“MAP”）：房费＋早餐＋午餐或晚餐

包括房费和早餐，除此而外，还包括一顿午餐或晚餐（二者任选一个）的费用。这种收费方式较适合于普通旅游客人。

（四）欧洲大陆式（Continental Plan，简称“CP”）：房费＋欧陆式早餐

包括房费及欧陆式早餐（Continental Breakfast）。欧陆式早餐的主要内容包括冷冻果汁（Orange Juice，Grape Juice，Pineapple Juiciest）、烤面包（Served with Butter &Jam）、咖啡或茶。

（五）百慕大式（Bermuda Plan，简称“BP”）：房费及美式早餐

包括房费及美式早餐（American Breakfast）。美式早餐除了包含欧陆式早餐的内容以外，通常还包括鸡蛋（Fried，Scrambled up，poached，Boiled）和火腿（Ham）或香肠（Sausage）或咸肉（Bacon）等。

客房销售的程序与标准

序号	程序	标准要求
1	了解客人消费特点	根据客人年龄、性别、职业、国籍、住店目的等消费特点，采取针对性的销售方法
2	向客人介绍客房	生动描述房间的特色，并给予恰当的形容和强调
3	与客人沟通价格	有技巧地与客人沟通价格，避免硬性推销。选择有利的时机将价格提出来，便于客人接受
4	展示客房	可以给客人看一下酒店宣传册，使其有直观感受。必要时，可带领客人实地参观客房，由高档逐步向低档展示。服务人员要充满自信、热情、礼貌地介绍
5	促成购买	如果客人有感兴趣的迹象，应使用合理的语言和动作促成客人购买

情景模拟

解释房间价格时

客　人：这个房间要 860 元？

接待员：这房价听起来确实是高了点，但是房间配有冲浪浴设备，能让您享有全新的体验；床垫、枕头还具有保健功能，在让您充分休息的同时还能起到预防疾病的作用……

给客人比较机会时

客　人：说说你们这儿都有些什么房间。

接待员：靠近湖边，新装修过的客房每晚 500 元；进出方便，别墅式的客房每晚 400 元；还有环境安静，景色优美，在四楼的客房每晚 300 元。您看，您喜欢哪一种？

化不利因素为有利因素时

客　人：房间窗外景色怎样？

接待员：室外景色虽然不够好，但是这间客房非常安静，能让您得到很好的休息。

客　人：房间靠近游泳池是不是不安静啊？

接待员：靠近游泳池的房间可能会有噪声干扰，但是您想游泳却很方便，现在天气很热，游个泳会让您神清气爽……

采用不同的报价方式时

客　人：你们这儿的房价怎样？

（“鱼尾式”报价）

接待员：豪华套房温馨舒适，房内设施设备先进，配有一流的按摩浴缸，保健枕头，还能上网冲浪，入住后您还可享用免费早餐，免费打点行李、擦皮鞋，房价每晚 980 元。

或

套房采用布艺装饰、家具，能使您置身于西洋艺术氛围之中，给您带来耳目一新的感觉、美的享受；入住还可享受免费早餐，免费打点行李……房价每晚 980 元。

（“三明治式”报价）

接待员：商务套房配有高贵、典雅的欧式家具，古典中不失时尚，颇具艺术气息，房价每晚 980 元；这样的房间非常适合您的身份，这个房价中还包括一份早餐，一张免费的健身卡，一张洗衣中心西服免费熨烫单。

（“冲击式”报价）

接待员：标准间，每晚 280 元，房内高清晰大屏幕电视收看 86 个免费频道，还可以欣赏到收费节目，能让您真正享受电视精神大餐。

遇到犹豫不决的客人时

客　人：让我想想，到底住不住呢？

接待员：要不这样，您先办手续住下，如果您对房间不满意，明天我们再给您换房，您看好吗？

热情主动问候客人。

Good morning sir，Can I help you？先生，您好！有什么可以帮助您的吗？

询问聆听并记录客人订房要求。

For which date do you want to book？请问您需要订哪一天的房间？

What kind of room do you want？请问您需要订什么样的房间呢？

对于能够马上选定房型的客人，只能说明房价及所含的优惠满意。

Thestandard room is 980 Yuan per night in our hotel，including breakfast.

我们的标准间是 980 元一晚，含早餐。

对于不能马上选定房型的客人，可以通过简单的信息沟通，选定两种到三种房型，向客人推销介绍房间，包括房型、特点、房价及所含优惠，并记录相关预订信息。

Would you tell me how many people in your group？请问您是几位入住？

We have a deluxe room facing the sea，it is 680 Yuan per night including breakfast，is it ok？我们这有一种豪华双人间，是海景房，680 元一晚，含早餐，您觉得可以吗？

En。客人犹豫不决。

We also have standard room，the price is 480 Yuan per night，including breakfast. It is fit for two person. 我们还有一种 480 元一晚的标准间，非常适合两个人入住，也含早餐。

For which dates do you want to book the room？请问您需要哪几天的房？

请注意灵活运用三种报价方式，要注意察言观色，随机应变。

根据预订情况准确填写预订单，并询问客人有无其他特殊要求。

Do you have any other demand？请问您还有其他要求吗？

询问客人抵店的准确时间，向客人说明房间保留的时间（国际惯例是抵店当日18：00，有时酒店可以根据客房销售状况变动）。

Would you tell me what time you will arrive at our hotel on April 2nd?

请问您4月2日大约几点钟能抵达酒店?

We will keep the room until 6：00 p. m.，of April 2nd. If you have any change，please tell us. 我们的房间将为您保留到4月2日下午6：00以前，如果您计划有变，请您及时通知我们。

如果客人抵店时间超过18：00而又要求酒店确保留房的，客人可以预付定金或用信用卡担保。

复述核对客人预订信息，完成预订，向客人道谢，道别。

Mr. Liu，you have booked a deluxe single room of April 2nd，the price is 480 Yuan per night，you will stay for two nights，we will keep the room 6：00 p. m. of April 2nd，your phone number is ×××，is it correct? 刘先生，您为自己预订了4月2日的一个豪华单人间，房价是每晚480元，您打算住两天，房间将为您保留到4月2日下午6：00，您的联系电话是×××，您看对吗?

Thank you for your reservation. We are looking forward to seeing you，Goodbye. 谢谢您的预订，期待您的光临！再见！

将客人的预订信息录入电脑并存档。

【课堂组织】

一、班前会

根据全班人数分成10个小组，模拟酒店前厅部员工开班前会。

1. 上课铃响，集合、点到；
2. 检查仪容仪表；
3. 任课教师模拟领班或主管发言，总结前一天的工作情况，安排今天的工作任务。（复习上节课知识点，布置实训任务）

二、教师示范

1. 教师讲解实训课教学内容、教学日的；
2. 教师讲解相关知识；
3. 观看教学录像；
4. 教师简单讲解操作程序及要点；
5. 由教师模拟电话预订员，抽选学生模拟客人，进行一次当面订房示范。

三、学生训练、教师巡查

（一）基本训练

1. 按照两人一组，使用道具和正式表格，分别模拟预订员和客人进行当面订房的操作技能训练。

2. 学生交换角色，再次进行操作技能训练。

（二）应变训练

1. 将每组学生一分为二，与另一组学生配合，分别模拟预订员和客人，要求模拟客人的学员在预订过程中尽量想出各种合理的特殊要求，请模拟预订员的学员应答。

2. 变换两组学生模拟的角色后，再进行一次练习。

3. 建议此训练 8 分钟内完成。

四、案例实训

预订小风波

黄金周明天就要开始了，酒店里房间紧张，张先生来到新华酒店总台替朋友宋先生预订房间。预订员小王通过热情问候和询问，得知宋先生要在 10 月 3 日预订一个标准间。根据房态显示，小王为张先生确认预订。由于客人较多，小王没有记录客人的抵店时间。3 日晚 6 点过后，宋先生没有抵店，按照酒店规定，该房间被当值接待员销售给其他客人，当晚 6：50，宋先生抵店，此时酒店已经没有房间了，宋先生不满，进行投诉。

李主管了解情况后，立即为宋先生联系附近档次相当的酒店客房，并派车把客人送到酒店，然后告诉小王，接受客人预订时一定要问清客人抵店时间、订房要求及联系方式，为客人准备好房间。如果在客人预订时忘记询问客人的抵店时间，可以再通过电话询问客人，这样就不会出现类似问题了。

案例点评：

作为预订员，应熟练掌握客房预订程序和方法。作为一名优秀的服务人员，不但要埋头苦干，而且要有一种灵气。这种灵气体现在反应敏捷，遇事不乱，处事灵活，即使在工作繁忙时也能有条不紊地工作，不遗漏任何事情。

五、实训总结

（一）由教师讲解操作要点

1. 预订员要注意从客人的表情、语气、肢体语言表达等方面获取大量信息，培养良好的应变能力。

2. 重点训练学员的当面推销能力。

3. 客人提出接机、订餐、订花等各种特殊要求时，预订员要有正确的应答。

（二）回答学生提问

（三）教师根据学生实训情况进行总结表扬

【实训考核】

客房当面预订业务实训测试表

班级：________________ 姓名：________________ 时间：________________

检查项目和内容	分值	得分
1. 热情、主动问候客人	10	
2. 询问并记录客人预订信息	15	
3. 介绍房型，推销客房	15	
4. 填写预订单	10	
5. 复述预订内容	10	
6. 完成预订	10	
7. 道别，道谢	10	
8. 建立相关的表格资料	10	
9. 礼仪	10	
总分	100	

【情景创设】

1. 主题：客人要求折扣房价。

2. 地点与情景：海湾大酒店订房部。

3. 订房内容：客人预订时要求五折的低价，但酒店从来没有打过低于六折的折扣，订房员该如何做？

4. 操作要求：两名学生合作，完成对话，并填写一份订房表。

实训项目三　婉拒预订

【实训目的】

通过实训，学习处理婉拒预订的策略和技巧

【实训时间】

8 学时

【实训准备】

实训场地准备：模拟前厅

实训用品准备：预订单、模拟电话等

仪容仪表准备：学生统一着制服，女生盘发

【相关知识】

知识点一　等待类预订 On-wait Reservation

对预订已满情况下的预订客人，待有房客取消预订或提前退房时，即可通知该类客人来店。

知识点二　超额预订 Overbooking

指酒店在一定时期内，有意识地使其所接受的客房预订数超过其客房接待能力的一种预订现象，其目的是充分利用酒店客房，提高开房率。超额预订占预订房数比率一般以 10% ~20% 为宜。

1. 理论上数量的确定（定量分析）

超额预订数要受预订取消率、预订而未到客人之比率、提前退房率以及延期住店率等因素的影响。

超额预订量 = 可预订客房数 ×（预订取消率 + 预订未抵率）- 预期离店客房数 × 延期住宿率 + 续住房数 × 提前离店率

超额预订率 = 超额预订量 ÷ 可预订客房数 ×100%

2. 定性分析

1）依据团队和散客订房的比例来掌握

团队预订多，超订率小；散客预订多，超订率大些。

2）依据预订情况分析订房动态来掌握

❖ 淡季、平季、旺季（旺季，客人取消客房的概率小，超订比率小；淡季比率相应增大）。

❖ 现有订房中不同预订比例：非保证性预订和保证性预订。

（保证类预订较多，超订的比例就小，确认类预订较多，超订比例就放大，临时类预订多，超订比例更大）。

❖ 附近同等级酒店住房情况。

❖ 天气变化和突发事件（天气变化大，客人取消预订的可能性就大，超订比例就大）。

3）根据酒店在市场上的信誉度来掌握

如果因超额预订而不能使客人入住，按照国际惯例，酒店方面应该诚恳地向客人道歉，请求客人谅解。

（1）充分挖掘内部潜力

① 同一团队加床，减少占用房间的数量；

② 轻微损坏房打折出租；

③ 套房改为标准间。

（2）立即与另一家相同等级的酒店联系，请求援助。同时，派车将客人免费送往这家酒店，对提供援助的酒店表示感谢。

（3）如属连住，则店内一有空房，在客人愿意的情况下，再把客人接回来，并对其表示欢迎（可由大堂副理出面迎接，或在客房内摆放花束等）。

如客人属于保证类预订，则除了采取以上措施以外，还应视具体情况，为客人提供以下帮助。

① 支付其在其他酒店住宿期间的第一夜房费，或客人搬回酒店后可享受一天免费房的待遇。

② 免费为客人提供一次长途电话费或传真费，以便客人能够将临时改变地址的情况通知有关方面。

③ 次日排房时，首先考虑此类客人的用房安排。

④ 大堂副理应在大堂迎候客人，并陪同客人办理入住手续。

知识点三　婉拒订房致歉信

婉拒致歉信

小姐/女士/先生：

由于本店________年________月________日的客房已经订满，我们无法接受您的订房要求，深表歉意。

感谢您对本店的关照，希望以后有机会为您服务。

××酒店预订处

婉拒预订操作流程和步骤

操作程序	操作细节
1. 查看报表	（1）查看可行性报表，确认预订日期的订房情况。 （2）确定酒店确实无法接受客人的预订
2. 提出建议	建议客人更改预订要求，或向客人提出建议，或提供其他酒店的相关信息
3. 寄致歉信	按规范拟写一封致歉信并寄出。如果客人是书面订房而酒店无法满足客人的订房需求，应立即礼貌复函
4. 整理资料	（1）将客人列入“等待名单”。 （2）将资料存档备案

情景模拟

婉拒预订

预订员：（接听电话）您好！皇家格雷斯大酒店预订处！

客　人：我想订 11 号的标准间，住两晚。

预订员：好的。先生，请您稍等。

客　人：好的。

预订员：先生，非常抱歉，由于 11 号接待一个大型会议，标准间全部客满。

客　人：怎么这样啊，我可是冲你们酒店的知名度才订房的啊。

预订员：谢谢您的信任！您看这样好吗？您先订一天酒店的套房，每套实际上只比标准间多 280 元，室内摆设尊贵、典雅、古朴中不失时尚，还有先进的设施设备，入住后相信一定能令您满意，要不先订一天试试？如果您愿意，第二天再给您换成标准间，您看这样好吗？

客　人：我还是想住标准间。

预订员：好的。先生，那您是否可以推迟一天到店，这样您预订标准间就没有问题了。

客　人：不行，我的时间不允许。

预订员：好的。先生，要不这样，请留下您的联系方式，一旦 11 号标准间有空房，我马上与您联系，您看好吗？

客　人：好的，我的联系电话是 987654321。

预订员：987654321。谢谢您，先生，我们将随时与您保持联系，争取满足您的订房要求。

客　人：好的，谢谢。

预订员：不客气，能为您服务我感到非常荣幸。

客　人：再见。

预订员：再见。

中英文实例

必须拒绝客人预订时，首先道歉，表示遗憾，陈述不能接受。

客人预订的客观原因。

I am very sorry, Mr. Li, because there is a meeting in our hotel on April 2nd, the rooms are fully booked. 非常抱歉，李先生。4 月 2 日因为有一个大型会议在我们酒店召开，房间已经全部订满了。

积极与客人沟通协调，看客人有无更改抵店日期或房型的可能。

Are you sure that you will arrive at our hotel in April 2nd? 您的行程已确定是 4 月 2 日吗？

如果需要，提供其他酒店给顾客。

I am very sorry, May I introduce other hotels for you? 非常抱歉，需要我给您介绍其他酒店吗？

推荐酒店的其他商品。

Mr. Li, don't forget that there is the best and most deluxe nightclub in our hotel, we are looking forward to seeing you. 李先生，别忘了我们酒店有本市装修最豪华、节目最好的夜总会，期待您的光顾。

道别，道谢。

Thank you for your call, I hope to serve you in future and wish you good trip.

谢谢来电，希望将来能为您服务，并祝您旅途愉快。

【课堂组织】

一、班前会

根据全班人数分成 10 个小组，模拟酒店前厅部员工开班前会。

1. 上课铃响，集合、点到；
2. 检查仪容仪表；
3. 任课教师模拟领班或主管发言：总结前一天的工作情况，安排今天的工作任务。（复习上节课知识点，布置实训任务）

二、教师示范

1. 教师讲解实训课教学内容、教学目的；
2. 教师讲解相关知识；
3. 观看教学录像；
4. 教师简单讲解操作程序及要点；
5. 由教师模拟预订员，一名学生模拟客人，进行一次委婉拒绝客人预订的操作示范。

三、学生训练、教师巡查

（一）基本训练

1. 按照两人一组，使用道具和正式表格，分别模拟预订员和客人进行委婉拒绝客人预订的操作技能训练。

2. 学生交换角色，再次进行操作技能训练。

（二）应变训练

1. 将每组学生一分为二，与另一组学生配合，分别模拟预订员和客人，要求模拟客人的学员在预订过程中尽量提出各种合理的特殊要求，请模拟预订员的学员应答。

2. 变换两组学生模拟的角色后，再进行一次练习。

四、案例实训

1. 学生案例演绎

教师简单介绍案例背景后，学生根据案例需要，以小组为单位演绎案例。

2. 展示完后进行集体讨论分析，交流各自意见。

3. 教师案例分析总结。

一袋苹果和一位协议客户

12 月 2 日 14 点左右，跟往常一样，刚刚结束小小的退房高峰，微笑地送走了排在柜台前的最后一位宾客，正打算对账之际，电话响了，我习惯性地接起电话："reception，您好！总台！"电话那头跟大多数客人一样开口问道："总台，你好，房间有没有了?"与接待其他客人一样，我询问客人贵姓。客人告诉我他是德盛集团的潘建新潘总，想预订 5 间单人间，周六下午到店。我很礼貌地请潘总稍等，告诉他我需要查看一下电脑才能确认周六是否有房可订。在查看预订情况之后，我告诉潘总周六我们有团队入住，房间比较紧张，希望他能谅解。潘总说他有上海客人来，比较喜欢住我们酒店，希望我们能帮他想想办法。那时我就及时向他推荐了我们的豪华单人间，房价为 600 元每间。潘总表示他要的高级单人间没有，豪华单人间又太贵了。我向潘总具体介绍了我们的房间设施。潘总说他是我们的常客，对于酒店的设施设备都很了解也相当满意，所以才会来住我们酒店，但是他希望我们能够给他一个德盛集团的协议价。我具体向客人解释了协议价的享受原则，需要挂账或者有效签单人签字才可以。潘总说这样太麻烦。我突然想到应该向客人营销我们的四季卡。

"潘总，您在我们酒店办张四季卡同样可以享受协议单位的优惠价啊，再说目前我们免费办卡还有礼包相送呢。只要您充值一万元我们就可以送您一个豪华单人间，两张自助晚餐券，两张美容美发券以及 5 张游泳券，在酒店用餐还能享受折扣。物超所值啊！"潘总一听这个不错，表示可以考虑办一张，然后我跟潘总说房间已经给他订好了，有问题可以随时联系我，我是前台小丁。我们互留了联系方式，电话就此挂断。

原以为一个普通的预订就这样结束了，没想到半个小时后，潘总给我打手机，说他这次接待的客人很重要，希望我帮他在每个房间放上好一点的水果，最好是在超市买的，而且希望帮他再预订一个包厢。我一想到我们的首问责任制以及我们金钥匙的委托代办我立刻同意一定帮他做好。第二天我上夜班，白天有一整天的休息时间，我一早就联系潘总问其什么时候到，并告诉他包厢已订好了。潘总说下午 4 点左右到。13 点我前去大润发超市挑选优质苹果，然后满头大汗地提着一大袋沉甸甸的苹果回到酒店，让总台的同事帮忙提前分好了房间，并请大堂副理帮忙将苹果装盘分送到了每个房间。16：30 潘总打电话告诉我说他到了，希望我去仔细介绍一下四季卡。我立刻前往酒店向潘总仔细解释了四季卡的章程，潘总很满意地办理了一张四季卡，并对我给他办理他交代的事情相当满意，邀请我跟他们一起用餐，我委婉地拒绝了。

案例点评：

一袋苹果，一个举手之劳让我们赢得了一位协议客户。潘总以及他的客人对我们的服务都感到相当满意，并有可能成为忠实的顾客。酒店服务就是这样，我们每一位酒店人都应当牢记首问责任，认真学习我们的金钥匙满意加惊喜理念，希望可以更好地为客人服务，为酒店赢得更多好评。

● 实训总结

（一）由教师讲解操作要点

1. 婉拒客人的同时记得推销酒店其他商品。
2. 正确把握超额预订额度。

（二）回答学生提问

（三）教师根据学生实训情况进行总结表扬

【实训考核】

婉拒预订业务实训测试表

班级：________________　姓名：________________　时间：________________

检查项目和内容	分值	得分
1. 首先道歉，表示遗憾，陈述不能接受客人预订的客观原因	20	
2. 积极与客人沟通协调，看客人有无更改抵店日期或房型的可能	20	
3. 推荐酒店的其他商品	20	
4. 如果需要，提供其他酒店给顾客	20	
5. 道别，谢谢	10	
6. 礼仪	10	
总分	100	

【情景创设】

1. 主题：订房客人到店时，客房已售完。
2. 地点与情景：海湾大酒店前台部。
3. 内容：客人到达酒店时，所有房间已经出售，接待员该如何做？
4. 操作要求：两名学生合作，完成情景对话和处理该问题的办法。

实训项目四　预订客人抵店前的准备工作

【实训目的】

通过实训，掌握客人抵店前准备工作的内容和步骤

【实训时间】

4 学时

【实训准备】

实训场地准备：模拟前厅

实训用品准备：预订单

仪容仪表准备：学生统一着制服，女生盘发

【相关知识】

知识点一　提前排房概念

提前编排房间是指当天客人来到之前，为客人预先编排好房间。

知识点二　提前排房的意义

1. 减少客人入住时的混乱，提高办理入住登记的效率。
2. 满足客人的个性化需求，增加对酒店的满意度和忠诚度。

知识点三　排房时考虑的内容

1. 根据客人提出的要求排房。
2. 根据客人抵达的时间排房。
3. 根据客人的类型排房。
4. 根据熟客对某房间的特别爱好排房。

知识点四　排房的技巧

（1）团体客人或会议客人应尽量安排在同一楼层或相近的楼层，同一类型的房间。

（2）行动不方便或带小孩的客人应尽量安排在离电梯和服务台较近的房间。

（3）内、外宾不宜安排在同一楼层。

（4）对 VIP 客人应安排在同类客房中最好的房间。

（5）常客和有特殊要求的客人应给予特殊的照顾。

（6）敌对国家的客人不应安排在同一楼层或相近的房间。

① 注意房间号码的忌讳。

② 经营淡季可集中使用几个楼层的房间。

客房预订一般情况下是不为客人许诺具体的房号，但有时候例外。什么情况下的客人需要具体的房号呢？

1. VIP 客人。确定房号后，还要准确传递给相关部门。

2. 常住客。常住客人也有固定的房间。

3. 对房号有特殊要求的客人。

知识点五　其他准备工作

客人在抵店之前，前台做的准备工作有：

1. VIP：确定房间、房卡（做房卡）、餐券、备好入住等级单、押金收据等票据。

2. 团队客人：房卡、餐券。

3. 散客：日常准备。

知识点六　房态种类

1. VC（Vacant Clean）空房
2. VD（Vacant Dirty）走客房
3. OD（Occupied Dirty）未做住客房
4. OC（Occupied Clean）已做住客房
5. O. O. O（Out of Order）待修房
6. ECO（Estimated Check Out）预计退房
7. NS（No Smoking）无烟房
8. S/O（Slept Out）外睡房
9. D/L（Double Lock）双锁房
10. DND（Do not Disturb）请勿打扰
11. MUR（Make Up Room）请即打扫
12. RS（Refuse Service）拒绝服务
13. N/B（No Baggage）无行李
14. L/B（Light Baggage）少行李
15. VIP（Very Important People）重要客人
16. LSG（Long Staying Guest）长住客
17. C/O（Check Out）结账
18. C/I（Check In）入住
19. NO SHOW 预订了客房，但客人没有来

知识点七　数字禁忌

* 日本人忌“9”“4”“13”和“6”。

* 韩国人忌“4”。

＊新加坡人视“4”“7”“13”“37”“69”为消极数字，尤忌“7”。
＊港澳台同胞喜“8”厌“4”。
＊欧美国家及信仰基督教的其他一些国家忌“13”。
＊俄罗斯人忌“13”喜“7”。

【课堂组织】

一、班前会

根据全班人数分成10个小组，模拟酒店前厅部员工开班前会。

1. 上课铃响，集合、点到；
2. 检查仪容仪表；
3. 任课教师模拟领班或主管发言：总结前一天的工作情况，安排今天的工作任务。（复习上节课知识点，布置实训任务）

二、教师示范

1. 教师讲解实训课教学内容、教学目的；
2. 教师讲解相关知识；
3. 观看教学录像；
4. 教师简单讲解操作程序及要点；
5. 由教师模拟预订员，进行预订客人欲分房操作示范。

三、学生训练、教师巡查

（一）基本训练

1. 按照两人一组，使用道具和正式表格，模拟预订客人欲分房操作。
2. 交换学生角色，再次进行操作技能训练。

（二）应变训练

1. 将每组学生一分为二，与另一组学生配合，分别模拟预订员和客人，要求模拟客人的学员在预订过程中尽量想出各种合理的特殊要求，请模拟预订员的学员应答。
2. 变换两组学生模拟的角色后，再进行一次练习。

四、案例实训

1. 学生案例演绎

教师简单介绍案例背景后，学生根据案例需要，以小组为单位演绎案例。

2. 展示完后进行集体讨论分析，交流各自意见。
3. 教师案例分析总结。

五、实训总结

（一）由教师讲解操作要点

排房时要考虑周全、仔细。

（二）回答学生提问

（三）教师根据学生实训情况进行总结表扬

【实训考核】

排房训练测试表

班级：________________　姓名：________________　时间：________________

检查项目和内容	分值	得分
1. 重要客人（VIP）	10	
2. 团队客人（以政府邀请团队为先）	10	
3. 保证类预订客人	10	
4. 要求延期的预期离店客人	10	
5. 普通预订客人，并有准确航班号或抵达时间	10	
6. 常客	10	
7. 无预订的散客（walk-in）	10	
8. 不可靠的预订客人	10	
9. 礼仪	20	
总分	100	

【情景创设】

1. 人员：预订员和客人。
2. 地点与情景：海湾大酒店预订部，电话预订。
3. 订房内容：客人原订的三间房住三天，现改为两间房住两天。
4. 操作要求：两名学生合作，完成一段订房对话，并填写一份订房变更表。

实训项目五　无预订散客的接待服务

【实训目的】

通过实训，使接待员熟练掌握无预订散客接待服务的相关知识和程序

【实训时间】

12 学时

【实训准备】

实训场地准备：模拟前厅

实训用品准备：入住登记表、押金条、房卡、点钞券等

仪容仪表准备：学生统一着制服，女生盘发

【相关知识】

知识点一　酒店对前台接待员的素质要求

1. 良好的外形；
2. 能说会道；
3. 良好的推销能力；
4. 机智的应变能力；
5. 较广的人际关系；
6. 较宽的知识面。

知识点二　下列客人，不予接待

1. 酒店通报的不良分子或列入黑名单的人。
2. 拟用信用卡结账，但其信用卡未通过酒店安全检查。（过期失效或有伪造迹象）
3. 多次损害酒店利益和名誉的人。
4. 患重病及传染病人。
5. 带宠物者。
6. 无理要求过多的常客。

知识点三　不同客人的消费需求

1. 商务客人（多为出差）：房价不太计较，客房安静，光线明亮，最好房内有所需

的办公设备。

2. 旅游客人：比较在乎房价，客房景色优美，干净卫生。

3. 年老、残疾客人：喜欢住靠近电梯和餐厅的房间。

4. 度蜜月夫妇：客房安静，不受干扰。房间气氛温馨，有一张大床的双人房。

5. 知名人士，高薪阶层：喜欢档次比较高的套房。

总之，接待客人时要注意观察，通过衣着打扮，言谈举止、年龄、性格来判断其身份，以便进行有针对性的服务。切不可以貌取人。

知识点四　住宿登记表及填写要求

1. 房号：便于查找，识别住店客人及建立客账，保障客人的安全。

2. 房价：结账、预测客房收入的重要依据。

3. 抵店、离店的日期和时间：正确记录客人抵店、离店的日期和时间，对结账及提供邮件查询服务是非常必要的。

4. 地址：掌握客人准确的地址，有助于客人离店后的账务及遗留物品的处理，还有助于向客人发送离店后的邮件，如促销品之类。

5. 接待员签名：可以加强员工的工作责任心，是酒店质量控制的措施之一。

国内旅客住宿登记表

日租：　　　　房号：

<table>
<tr><td>姓　名</td><td>性　别</td><td>年　龄</td><td>籍　贯</td><td>工作单位</td><td>职　业</td></tr>
<tr><td></td><td></td><td></td><td>省　（市/县）</td><td></td><td></td></tr>
<tr><td>户口住址</td><td colspan="3"></td><td>从何处来</td><td></td></tr>
<tr><td>身份证或其他有效证件</td><td colspan="2"></td><td>证件号码</td><td colspan="2"></td></tr>
<tr><td rowspan="3">偕同幼年儿童</td><td>姓　名</td><td>性　别</td><td>年　龄</td><td rowspan="3">备注</td><td rowspan="3"></td></tr>
<tr><td></td><td></td><td></td></tr>
<tr><td></td><td></td><td></td></tr>
<tr><td>来宿日期</td><td colspan="2">年　月　日　时</td><td>当班服务员</td><td colspan="2"></td></tr>
<tr><td>退宿日期</td><td colspan="2">年　月　日　时</td><td>当班服务员</td><td colspan="2"></td></tr>
<tr><td colspan="3">请注意：
（1）退房时间是中午12：00时。
（2）贵重物品请存放在收银处之免费保险箱内，阁下一切物品之遗失，酒店概不负责。
（3）来访客人请在晚上11：00前离开客房。
（4）房租不包括房间里的饮料。
（5）离开酒店请交回钥匙
客人签名：</td><td colspan="3">离店时我的账目将交付：
□现金　□旅行社凭单　□信用卡
□公司　□旅行社支票　□其他
值班职员签名：</td></tr>
</table>

境外人员临时住宿登记表

请用正楷填写（IN BLOCK LETTERS）　　日租：DAILY RATE　　房号：ROOM NO.

姓名：SURNAME：　FIRSTNAME：　MIDDLENAME：	出生日期：DATE OF BIRTH	性别：SEX	国籍（地区）或籍贯： NATIONALITY OR AREA
停留事由：OBJECT OF STAY： 入住日期：DATE OF ARRIVAL	退房日期：DATE OF DEPARTURE		公司名称或职业：COMPANY NAME OR OCCUPATON
境（国）外住址： HOME ADDRESS：			

请注意：	PELASE NOTE：	离店时我的账目结算将由：
（1）退房时间是中午12：00时。 （2）贵重物品请存放在收款处之免费保险箱内，阁下一切物品之遗失，酒店概不负责。 （3）来访客人请在晚上11：00时前离开客房。 （4）房租不包括房间里的其他服务。 （5）离开酒店请交回钥匙。	（1）CHECK OUT TIME AT 12：00 NOON. （2）SAFE DEPOSSIT ARE AVAILABLE AT CASHIER COUNTER AT NO CHARGE HOTEL WILL NOT BE RESPONSIBLE FOR ANY LOSS OF YOUR PRORERTY. （3）VISITORS ARESTEQUESTED TO LEAVE GUEST ROOMS BY 11：00 PM. （4）ROOM RATE NOT INCLUDING OTHER SERVICE IN YOUR ROOM. （5）PLEASE RETURN YOUR ROOM KEY TO CASHIER COUNTER AFIER CHECK OUT.	ON CHECKING OUT ACCOUNT WILL BE SETTLED BY： □现金 CASH　□旅行社凭单 T/A VOUCHER　□信用卡 CREDIT CARD □公司 COMPANY　□挂帐 SENT BILL 客人签名： CUST SICNATURE：

以下由服务员填写 FOR CLERK USE

护照或 证件名称：	号码：	签证 种类：	签证 号码：	签证 有效期：
签证签 发机关：	入境 日期：	口准：	接待 单位：	

值班服务员签名：
CLERK SIGNATURE：

知识点五　房卡的作用

IC 卡门锁的功能介绍：记录信息，设置密码，客房电器的节能开关，方便携带。注意保存。

IC 卡的种类

1. 设置卡　　2. 宾客卡　　3. 员工卡　　4. 特殊卡

IC 卡钥匙的制作与使用注意事项

1. 宾客卡通常在客人入住后才制作。

2. 根据不同的管理层次应逐级规定制作人员的权限。

3. 钥匙的制作者及密码应由高层管理人员专人负责管理和控制。

4. 开门时，按卡片箭头方向轻轻插入门锁的插口内，插到底后平稳拔出，磁卡拔出后，指示灯亮绿灯，在约 10 秒钟内执手下压即可开门入房。若超过 10 秒钟未开门门锁又会自动锁上。

5. 宾客卡在住宿的有效时间内可开启相应的客房，如住客卡丢失或住客提前退房，可以用新的宾客卡或终止卡把门打开，原住客卡立即失效。

6. 客人结账时，把磁卡或 IC 卡钥匙交前厅收银员，收银员应及时交接待员。

7. 当电脑或制作钥匙的发卡器出现故障时，可使用备用的钥匙。备用钥匙一般有 3 套以上，由前厅部经理或大堂副理专人使用、保存。

正确显示房态的目的

房态显示的方法：电脑系统显示房态

房态的核对

Walk-in 未预订散客的 Check-in 登记入住程序与标准

序号	程序	标准要求
1	迎接客人	应该保持微笑和目光接触
2	检查何种客房出租	查验可供房的状况
3	询问客人要求，并推销客房	根据与客人的交流来判断客人的需求并推荐酒店的产品，最后得到客人确认
4	说明优惠情况	1. 告知客人房价是否包含早餐，是否还有其他优惠，如洗衣、餐饮等。 2. 如果客人提出房价打折的要求，需要根据酒店的政策进行处理，切不可擅自做主向客人承诺；自己实在无法解决的问题，可请主管或者经理出面解决
5	安排房间并填写登记表	落实房间，请客人填写登记表
6	请客人出示证件，办理手续	工作人员需要仔细核对证件与入住登记表上的信息内容是否相符，同时还必须按照公安部门的要求扫描并上传证件信息
7	询问付款方式，收取押金	通常使用现金或信用卡两种方式收取

续表

序号	程序	标准要求
8	制作钥匙（牌、卡）	1. 当场为客人制作钥匙，正确输入房间号码以及开始和结束时间。 2. 将钥匙放入纸套中，双手递给客人，并将房间号码写在房卡的封套上，指给客人看，不能大声说出。 3. 告知客人每天中午 12 点需结账离店
9	通知客房部等相关部门做好准备	1. 通知客房部落实卫生情况； 2. 询问是否需要行李员服务
10	告知致谢	礼貌与宾客告别，并祝客人在酒店期间能够拥有一段愉快的经历
11	存档	将客人信息及档案做一些收集归档工作

中英文实例

主动迎宾，弄清客人是否预订。

Good morning，sir. welcome to x hotel. Do you have reservation，please?

先生，早上好！欢迎光临！请问您有预订吗?

行李员在酒店正门服务时，可以根据客人来店目的分流客人。

根据客人住店人数以及酒店当时的房态，向没有预订的客人推销两到三种客房，请客人选择。

That's all right. We have empty rooms. How many people in your group?

没有关系，我们还有房间，请问您一行几位?

I'd like to introduce the deluxe suite for you. It has a bedroom，a living room and two bathroom，there is a big bed in bedroom. If you stay in this room，the hotel will supply free laundry service for a piece of skirt and send you to the airport on your departure date，you also can have breakfast and use the swimming pool for free. The room is 1280 Yuan per night.

我给您推荐我们的豪华套间，含一间卧室和一间客厅，配有两个卫生间，卧室配有一张大床，可以免费干洗衬衣一件，有两张免费的早餐券，免费使用我们的游泳池，还有免费送机一次，房价是 1280 元一晚。

Deluxe single room has a bathtub with auto massage，if you stay in this room，the hotel will supply free laundry service forshark，you also can have breakfast and use the swimming pool for free. The room is 780 Yuan per night.

我们的豪华单人间是带按摩浴缸的，同样可以免费干洗衬衣一件，有两张免费的早餐券，免费使用我们的游泳池，房价是 780 元一晚。

当客人选定房型后，请客人出示身份证，填写住宿登记表。

Sir，please show your ID card. I will register for you.

填写住宿登记表时，与客人沟通住店天数，付款方式等，同时为客人分配房间。

Mr. Li，how many nights will you stay for?

The room number is 1606，do you like it?

What kind of payment do you prefer? By cash or by credit card?

Please pay 1200 Yuan as deposit.

给客人分配房间后，制作钥匙，填写房卡，请客人签名并告知贵重物品寄存等情况，道别。

If you have valuables items please store in front desk cashier, if not please sign here.

如果您有贵重物品，请寄存在我们总台，如果没有，请您在这签字。

These are your ID card and deposit receipt, please take care of them. when you check out, Please coined with the deposit receipt.

这是您的身份证和押金收据，请妥善保管，结账的时候请把押金收据带到总台。

Here are your room key and key card, check-out time is 12：00 tomorrow. If you want to extent of stay, you can come to front desk ordial 1 in your room to tell us. You can have breakfast on the 2nd floor between 7：00—10：30 tomorrow morning.

这是您的房卡和钥匙，钥匙可以用到明天中午12点以前，如果需要续房，可以到总台来办理，也可以直接给我们拨电话1，这是两张早餐券，就餐地点是二楼餐厅，时间是明天早上7点到10点半。

There is the lift, have a good time.

如果有行李员送客人到房间，接待员可以直接与行李员交接后，与客人道别。

客人入住后，将入住信息通知相关部门；将客人信息录入电脑并建立客史档案。

【课堂组织】

一、班前会

根据全班人数分成10个小组，模拟酒店前厅部员工开班前会。

1. 上课铃响，集合、点到；
2. 检查仪容仪表；
3. 任课教师模拟领班或主管发言：总结前一天工作情况，安排今天的工作任务。（复习上节课知识点，布置实训任务）

二、教师示范

1. 教师讲解实训课教学内容、教学目的；
2. 教师讲解相关知识；
3. 观看教学录像；
4. 教师简单讲解操作程序及要点；
5. 教师模拟工作示范。

三、学生训练、教师巡查

（一）基本训练

1. 按照两人一组，使用道具和正式表格，模拟工作操作。
2. 学生交换角色，再次进行操作技能训练。

（二）应变训练

1. 将每组学生一分为二，与另一组学生配合，分别模拟，要求模拟客人的学员在预订过程中尽量想出各种合理的特殊要求，请模拟预订员的学员应答。

2. 变换两组学生模拟的角色后，再进行一次练习。

四、案例实训

当客人突然袭来之际

某日晚上6时许，河南省国际酒店的大堂内灯火辉煌，宾客如云。总服务台的接待员小马正忙着为团队客人办理入住手续。这时两位香港客人走到柜台前向小马说："我们要一间双人客房。"小马说："请您稍等一下，我马上为这个团队办好手续，就替你们找空房。"其中一位姓张的港客说："今晚七点半我们约好朋友在外面吃饭，希望你先替我们办一下。"小马为了尽可能照顾这两位客人，于是一边继续为团队办手续，一边用电脑查找空房。经过核查，所余空房的房金都是每间218元的。他如实告诉客人。此时那位姓张的先生突然大发脾气："今天早上我曾打电话给你们酒店，问询房价，回答说双人标准间是每间186元，为什么忽然调成218元了呢？真是漫天要价！"小马刚要回话，这位姓张的客人突然挥掌向小马的面孔打去，小马没有防备，结果吃了一记耳光！他趔趄了一下，面孔变得煞白，真想回敬对方一下。但他马上想到自己的身份，绝不能和客人一般见识，绝不能意气用事，于是尽量克制，使自己镇定下来。接着用正常的语气向客人解释说："186元的房间已经住满了，218元的还有几间空着，由于楼层不同，房金也就不一样，我建议你们住下，尽快把入住手续办好，也好及时外出赴宴。"这时另一位香港客人李先生见他的朋友张先生理亏，想找个台阶下，于是就劝张先生说："这位接待员还算有耐心，既然如此劝说，我们就答应住下吧。"张先生见势也就软了下来。

小马立刻招手要行李员把客人的行李送到房间。然而当时从小马紧握着的那只微微颤抖的手上，可以看出他正在极力压抑内心的委屈。周围的其他客人都纷纷对那位先生的粗鲁行为表示不满，那位张先生一声不响地和李先生办好手续便匆匆去客房了。

那位张先生事后深感自己行为失当，终于在离店时到总台向小马表示了歉意，对自己的冒失行为深表遗憾。

案例点评：

客人张先生的所作所为肯定是不对的，而小马的表现则无可非议。他既不还手，也不用恶语回敬。他懂得作为酒店的从业人员就是得理也应该让人，这样才会多留住两位客人，并让他们最后拥有一次愉快的住店经历。当然小马在客人突然袭击之际，自然感到委屈，这就需要克制，不与客人一般见识。小马的宽容举止很典型地体现了"客人总是对的"这句话的真谛。如果酒店员工都能从这个高度来要求自己，酒店的服务质量就可以产生质的飞跃。

1. 学生案例演绎

教师简单介绍案例背景后，学生根据案例需要，以小组为单位演绎案例。

2. 展示完后进行集体讨论分析，交流各自意见。

3. 教师案例分析总结。

五、实训总结

（一）由教师讲解操作要点

如何发现没有预订需要住宿的客人？

（二）回答学生提问

（三）教师根据学生实训情况进行总结表扬

【实训考核】

无预订散客的接待服务实训测试表

班级：______________　姓名：______________　时间：______________

考核项目和内容	分值	得分
1. 主动迎宾，弄清客人是否预订	10	
2. 根据客人住店人数以及酒店当时的房态，向没有预订的客人推销两到三种客房，请客人选择	20	
3. 当客人选定房型后，请客人出示身份证，填写住宿登记表	15	
4. 填写住宿登记表时，与客人沟通住店天数、付款方式等，同时为客人分配房间	15	
5. 给客人分配房间后，制作钥匙，填写房卡，请客人签名并告知贵重物品寄存等情况，道别	15	
6. 客人入住后，将入住信息通知相关部门；将客人信息录入电脑并建立客史档案	15	
7. 礼仪	10	
总分	100	

【情景创设1】

1. 主题：散客入住登记。
2. 地点与情景：海湾大酒店前台部。
3. 内容：两名未预订的客人来到前台，要求入住一间山景房。
4. 操作要求：两名学生合作，以书面的形式完成一段对话。

【情景创设2】

1. 主题：客人不愿意填写入住登记表。
2. 地点与情景：海湾大酒店前台部。
3. 内容：在接待员将入住登记表交给客人时，客人不愿意填写入住登记表，接待员该如何处理？
4. 操作要求：两名学生合作，找出合理的解决办法，并以书面的形式写出解决办法。

实训项目六　有预订散客的接待服务

【实训目的】

通过实训，使接待员熟练掌握有预订散客接待服务的相关知识和程序

【实训时间】

8 学时

【实训准备】

实训场地准备：模拟前厅

实训用品准备：预订单、入住登记表、押金条、房卡、点钞券等

仪容仪表准备：学生统一着制服，女生盘发

【相关知识】

知识点一　客人住房情况发生变更的处理

客人抵店办理入住登记手续时，自己主动要求改变预订的条件，如房型、房价、住宿人数、天数等，对于这些要求，接待员应热情接待，并尽量满足宾客的要求。

如果由于临时出现客房维修、住客延迟离店、团队用房整体安排的需要以及预订失误等情况，酒店通常会对客人使用“升级”的处理方法。

知识点二　客房升级的意思

1. 内部装修：酒店在开业到一定年限时，房间设施随着消耗会破损、老化，为了迎合市场及客人的需求，会装修房间，使酒店的硬件设施更新。也叫客房升级。

2. 解决投诉：你预订了酒店的房间，但是由于种种原因，酒店没有为你安排。当你到达酒店的时候，你预订的房间没有了。此时，酒店为了解决你的问题，为你升级房间，比如你预订的是标间，为你升级到豪华标准间或者更好的房间，而价钱还是收取标准间的价格。

预订散客入住登记的程序与标准

序号	程序	标准要求
1	做好充分的准备	① 摆放好所需的表格、房卡，以及其他一些必需的办公用品 ② 领取足够的备用金 ③ 查看房间状态，了解当天的入住情况、所剩房间的类型及数量 ④ 查看预计到客名单和重要客人（VIP）名单 ⑤ 检查电脑系统是否正常以及其他所需物品是否充足 ⑥ 查看交接班日志（logbook），根据所需做相应准备

续表

序号	程序	标准要求
2	向客人问好，了解客人要求	热情迎接，面带微笑
3	询问客人是否有预订	请客人出示预订号码，如果客人忘记预订号码，请其告知姓名等信息
4	从电脑中调出预订单	根据客人给出的信息，尽快找到预订记录
5	确认预订信息	请客人再次一一确定预订内容，并核实是否有变更。如果客人已付订金，确认已收到的金额
6	填写《入住登记表》	请客人认真填写，至少包括三方面信息：个人信息、在酒店住宿的信息、付款方式及免责声明，最后请客人签字确认
7	核实客人有效证件	工作人员需要仔细核对证件与入住登记表上填写的信息内容是否相符，同时还必须按照公安部门的要求扫描并上传证件信息
8	安排房间	① 该预订客人的房间已经分配完毕，只需与其再次确认即可。 ② 还未分配，需要检查酒店目前的房态，仔细地考虑客人的需求，并且适时地促销酒店更高级别的房间。最后为客人找到一个干净、满意的空房间。 ③ 如果暂时无法安排房间，必须向客人说明情况并请客人谅解，并采取措施尽快为客人安排房间，如：为客人寄放行李；请客人到大堂吧暂时休息等，同时向客人说明预计何时能够为其安排房间。如果情况比较复杂，可请主管或者经理帮助解决。 ④ 如果客人有特殊要求，如：房间朝向等，应尽量满足，不能满足时，需做好解释工作。 ⑤ 安排好的房间在“房间状况表”上标明 OK，表示该房已出售
9	询问付款方式、收取押金	① 询问客人付款方式； ② 在登记表上写清房价、结账方式； ③ 请客人按规定交付押金 注：收取一定数目的押金和获得信用卡授权的额度，会大大降低结账时的坏账率
10	制作钥匙（牌、卡）	① 当场为客人制作钥匙，正确输入房间号码以及开始和结束时间。 ② 将钥匙放入纸套中，双手递给客人，并将房间号码填写在房卡的封套上，指给客人看，不能大声说出。 ③ 告知客人每天中午 12 点前需结账离店
11	通知客房部等相关部门做好准备	① 通知客房部落实卫生情况。 ② 询问是否需要行李员服务
12	告别致谢	礼貌地与宾客告别，并向客人介绍有关酒店设施设备，祝客人在酒店期间能够有一个愉快的经历
13	存档	将客人的信息及档案做一些收集归档工作

中英文实例

主动迎宾，弄清客人是否预订。

Good morning，sir. welcome to x hotel. Do you have reservation，please?

先生，早上好！欢迎光临！请问您有预订吗？

行李员在酒店正门服务时，可以根据客人来店目的分流客人。

根据客人住店人数以及酒店当时的房态，向没有预订的客人推销两到三种客房，请客人选择。

That's all right. We have empty rooms. How many people in your group?

没有关系，我们还有房间，请问您一行几位？

I'd like to introduce the deluxe suite for you. It has a bedroom, a living room and two bathroom, there is a big bed in bedroom. If you stay in this room, the hotel will supply free laundry service for a piece of skirt and send you to the airport on your departure date, you also can have breakfast and use the swimming pool for free. The room is 1280 Yuan per night.

我给您推荐我们的豪华套间，含一间卧室和一间客厅，配有两个卫生间，卧室配有一张大床，可以免费干洗衬衣一件，有两张免费的早餐券，免费使用我们的游泳池，还有免费送机一次，房价是1280元一晚。

Deluxe single room has a bathtub with auto massage, if you stay in this room, the hotel will supply free laundry service forshark, you also can have breakfast and use the swimming pool for free. The room is 780 Yuan per night.

我们的豪华单人间是带按摩浴缸的，同样可以免费干洗衬衣一件，有两张免费的早餐券，免费使用我们的游泳池，房价是780元一晚。

当客人选定房型后，请客人出示身份证，填写住宿登记表。

Sir, please show your ID card. I will register for you.

填写住宿登记表时，与客人沟通住店天数，付款方式等，同时为客人分配房间。

Mr. Li, how many nights will you stay for?

The room number is 1606, do you like it?

What kind of payment do you prefer? By cash or by credit card?

Please pay 1200 Yuan as deposit.

给客人分配房间后，制作钥匙，填写房卡，请客人签名并告知贵重物品寄存等情况，道别。

If you have valuables items please store in front desk cashier, if not please sign here.

如果您有贵重物品，请寄存在我们总台，如果没有，请您在这签字。

These are your ID card and deposit receipt, please take care of them. when you check out, Please coined with the deposit receipt.

这是您的身份证和押金收据，请妥善保管，结账的时候请把押金收据带到总台。

Here are your room key and key card, check-out time is 12：00 tomorrow. If you want to extent of stay, you can come to front desk ordial 1 in your room to tell us. You can have breakfast on the 2nd floor between 7：00—10：30 tomorrow morning.

这是您的房卡和钥匙，钥匙可以用到明天中午12点以前，如果需要续房，可以到总台来办理，也可以直接给我们拨电话1，这是两张早餐券，就餐地点是二楼餐厅，时间是明天早上7点到10点半。

There is the lift, have a good time.

如果有行李员送客人到房间，接待员可以直接与行李员交接后，与客人道别。

客人入住后，将入住信息通知相关部门；将客人信息录入电脑并建立客史档案。

贵宾入住登记的程序与标准

序号	程序	标准要求
1	做好相应资料准备工作	掌握贵宾基本资料，准备接机工作，准备好房卡、欢迎卡以及登记表
2	准备房间	尽量选择同类房型中状态最好的房间
3	提高接待规格	准备好鲜花、礼品、水果等，铺设红地毯，通知各部门相关人员做好各项准备工作，并提前到大门口迎接
4	输入资料	准确输入电脑，并在文档中注明 VIP 的级别，建立贵宾客史档案

旅游团队客人入住登记的程序与标准

序号	程序	标准要求
1	做好相应准备工作	再次确认团队的行程是否发生变化，根据“团队通知单”落实团队客人要求，有问题及时沟通
2	按客人的要求结合酒店的客房情况安排房间	工作人员需准备足够的房间，根据客人的要求安排房间，并提前制作房卡放入封套，在封套上写明房间号，同时检查房间内的卫生及设施情况
3	安排陪同人员入住	按有关规定安排好陪同导游的房间
4	礼貌迎客	如果团队的级别较高，情况复杂，前厅经理、销售经理甚至总经理都有可能在酒店大厅等候
5	入住登记	1. 礼貌迎接。 2. 由团队的领队或者导游向客人收集有效身份证件，如：护照或身份证，然后集中到前台统一办理。 3. 核对团号团名、房间数、人数等，并填写“住宿登记单”
6	收回登记表，核对客人证件	工作人员需要仔细核对证件与入住登记表上的信息填写内容是否相符，同时还必须按照公安部门的要求扫描并上传证件信息
7	收取押金	向领队收取一定数额的定金
8	请领队签字	再次确认房间数，客人资料和叫醒时间，请领队在“团队入住确认单”上签字
9	发放房卡，介绍酒店信息	根据旅游团队领队的房间安排，为宾客分发钥匙，并做好记录，并向领队介绍酒店的用餐时间，设施设备等信息
10	整理资料	将客人的信息及档案做一些收集归档，输入电脑

团体客房名单

日期：＿＿＿＿＿＿

团体名：＿＿＿＿＿＿＿＿＿＿ 入住日期：＿＿＿＿＿＿ 离店日期：＿＿＿＿＿＿

总人数：＿＿＿＿ 总房数：＿＿＿＿ 单人＿＿＿＿ 双人＿＿＿＿ 套房＿＿＿＿ 别墅＿＿＿＿

领团姓名：＿＿＿＿ 电话：＿＿＿＿ 房号：＿＿＿ 唤醒时间：＿＿＿＿ 离房时间：＿＿＿＿

房间服务： □本地网 □国内长途电话 □国际长途电话

付款方式： □现金 □挂账 □银行转账 □其他

房间号码	客人姓名	房间号码	客人姓名	房间号码	客人姓名

用餐标准

日期	早餐					午餐					晚餐				
	时间	地点	收费	类型	人数	时间	地点	收费	类型	人数	时间	地点	收费	类型	人数

付款方式：＿＿＿＿＿＿＿＿＿＿ 备注：＿＿＿＿＿＿＿＿＿＿＿＿＿＿

经办人：＿＿＿＿＿＿＿＿

会议团队客人入住登记的程序与标准

序号	程序	标准要求
1	做好相应准备工作	再次确认会议日程是否发生变化，落实客人要求，有问题及时沟通
2	按客人的要求，结合酒店的客房情况安排房间	工作人员需准备足够的房间，根据客人的要求安排房间，并提前制作房卡放入封套，并在封套上写明房间号，同时检查房间内的卫生及设施情况
3	入住登记	1. 礼貌迎接。 2. 请客人填写“会议住宿登记表”。 3. 告知客人有关事项，如：开会地点，日程安排等
4	收回登记表，核对客人证件	1. 仔细核对证件与入住登记表上的信息填写内容是否相符。 2. 请会务组有效签单人签字确认。 3. 根据每位客人的最终房号，打印“会议排放表”，易于酒店服务
5	确认付款方式	1. 如果所有的消费都由会议主办方负责，确认该团队是否预付款，如果不由主办方负责，则需与有关部门联系，提醒其支付预付款。 2. 若房费由客人自行解决，按散客登记入住手续办理
6	发放房卡，储存信息	根据“会议住宿登记表”，为宾客发放钥匙，并做好记录，储存信息

【课堂组织】

一、班前会

根据全班人数分成10个小组，模拟酒店前厅部员工开班前会：

1. 上课铃响，集合、点到；
2. 检查仪容仪表；
3. 任课教师模拟领班或主管发言：总结前一天工作情况，安排今天的工作任务。（复习上节课知识点，布置实训课内容）

二、教师示范

1. 教师讲解实训课教学内容、教学目的；
2. 教师讲解相关知识；
3. 观看教学录像；
4. 教师简单讲解操作程序及要点；
5. 教师模拟工作示范。

三、学生训练、教师巡查

（一）基本训练

1. 按照两人一组，使用道具和正式表格，模拟工作操作。

2. 学生交换角色，再次进行操作技能训练。

（二）应变训练

1. 将每组学生一分为二，与另一组学生配合，分别模拟，要求模拟客人的学员在预订过程中尽量想出各种合理的特殊要求，请模拟预订员的学员应答。

2. 将两组学生模拟的角色变换后，再进行一次练习。

四、案例实训

押金风波

一天深夜，某公司出差的一行四人住进了一家四星级酒店。在办理住宿登记手续时，前厅接待员要求客人先交押金。由于客人尚不能决定在此住几天，所以接待单位只交了一天的押金。由于接待单位与该酒店有着良好的业务关系，且负责接待的人员与该酒店的前厅部经理比较熟，前厅经理同意客人以后几天可以免交押金。第二天夜里 12 点多，当客人办完事回到酒店时，不愉快的事情发生了，一位楼层服务员在客人的房门口拦住客人。

服务员：“你们不能进入，因为你们都没交押金！”

客人：“可你们经理已经同意我们不交押金了！”客人辩解。

服务员：“可是前厅说你们没交押金不能进房间……”

无论客人怎么解释都无济于事，情急之下客人这样要求：“你看已经半夜了，我们出去也没地方住，要不这样吧，你先让我们进去，然后把我们关起来，如果接待单位不帮我们交押金，再看着办吧！”

后经查询，前厅经理承认是由于内部信息沟通不好造成的，并一再向客人道歉。

案例点评：

本案例中体现了个性化服务的问题。在市场竞争激烈的今天，要想留住客人，赢得宾客，单纯靠规范和笑脸是远远不够的，更重要的是要给客人实实在在的帮助，也就是说服务要更有内涵。本案例中服务员死搬教条，墨守成规，导致客人的强烈不满。因此只有灵活机动，打破条条框框，超越常规地去想去做，才能使服务超越宾客的愿望。

1. 学生案例演绎

教师将案例背景简单介绍后，学生根据案例需要，以小组为单位演绎案例。

2. 展示完后进行集体讨论分析，交流各自意见

3. 教师案例分析总结

五、实训总结

（一）由教师讲解操作要点

（二）回答学生提问

（三）教师根据学生实训情况进行总结表扬

【实训考核】

有预订散客的接待服务测试表

班级：________________　姓名：________________　时间：________________

考核项目	分值	得分
1. 主动迎宾，弄清客人是否预订	15	
2. 问清客人姓名，查找客人预订单并核对预订单	15	
3. 当客人确定预订后，请客人出示身份证，填写住宿登记表，分配房间	20	
4. 制作钥匙，填写房卡，请客人签名并告知贵重物品寄存等情况，道别	20	
5. 客人入住后，将入住信息通知相关部门；将客人信息录入电脑并建立客史档案	20	
6. 礼仪	10	
总分	100	

【情景创设】

1. 主题：客人不能按时抵店。

2. 地点与情景：海湾大酒店前台部。

3. 内容：客人预订了房间，但是到下午六点半钟还未到店，订房员和接待员应怎么做？

4. 操作要求：两名学生共同合作，找出合理的解决办法，并以书面的形式写出解决办法。

实训项目七　换房服务

【实训目的】

通过实训，使接待员熟练掌握换房工作的内容、知识和技巧

【实训时间】

8 学时

【实训准备】

实训场地准备：模拟前厅

实训用品准备：换房通知单、房卡、钥匙等

仪容仪表准备：学生统一着制服，女生盘发

【相关知识】

知识点一　客人要求换房的原因

1. 正在使用的客房空间不符合要求。
2. 客房的档次不符合要求。
3. 住店过程中客人有亲朋好友入住，住店人数发生变化。
4. 环境因素，提出意见后改善效果不明显。
5. 客房设备不是很完善，一时又无法修复。

知识点二　酒店要求换房的原因

1. 正在使用的客房突然发生一时无法修复的故障。
2. 同一客房在同一时间被安排给两批客人。
3. 客房钥匙丢失。
4. 需要集中使用某一层楼或者某个区域的客房。
5. 如果某客房发生凶杀、失窃、死亡等意外事件，该房内其他房客需立即换房。

来自客人要求的换房程序与标准

序号	程序	标准要求
1	了解客人换房的原因	耐心听取客人换房的原因，并表示歉意，了解情况后对症下药
2	查找可提供给客人的房间	在酒店的可供房中为客人查找合适的房间，并得到客人认可。如果找不到同级别和价位的房间，工作人员就要适当地为客人推销，但告知客人要支付“升级”的费用

续表

序号	程序	标准要求
3	办理换房手续	如果是隔天或入住多日的客人，则要填写“换房通知单”，将通知单送往有关部门，并签字确认
4	更改信息	更改客人房号，并将换房信息记录在客户档案上
5	通知礼宾部	安排行李员协助客人换房，交给行李员客人新房间的钥匙并将旧钥匙取回
6	后续工作	通知客房部尽快清扫客人已使用过的房间
7	再次致电给客人	房间更换大约 15 分钟后致电客人，以确认客人对新房间的满意度

来自酒店要求的换房程序与标准

序号	程序	标准要求
1	及时通知客人	主要以电话通知，语气要诚恳真挚，尽力做好解释工作。如果客人不在房内，可语音留言告知客人尽快到前台办理变更手续
2	为客人安排房间	本着“合理而可能”的原则，尽力为客人安排令其满意的房间，但如果令客人满意的房间已经超出了你的授权范围，你还需要向上级汇报并经许可，方可答应客人换房
3	办理换房手续	为客人制作新的房间钥匙，填写“房间租用情况变更单”，更新“入住登记表”及相关信息
4	通知礼宾部	安排行李员协助客人换房，交给行李员客人新房间的钥匙并将旧钥匙取回
5	后续工作	通知客房部尽快清扫房间，维修设备

重房处理的程序与标准

序号	程序	标准要求
1	向客人致歉	真诚地向客人道歉，承认工作的疏忽，为客人送上茶表示安抚
2	为客人安排房间	本着“合理而可能”的原则，尽力为客人安排令其满意的房间，但如果令客人满意的房间已经超出了你的授权范围，你还需要向上级汇报并经许可，方可答应客人换房
3	办理换房手续	为客人制作新的房间钥匙，填写“房间租用情况变更单”，更新“入住登记表”及相关信息
4	送客进房	由接待员或行李员亲自送客人进房
5	后续工作	寻找出错原因，及时修正，通知有关部门

续住处理的程序与标准

序号	程序	标准要求
1	接收客人续住要求	1. 问清客人需要续住的时间，核对客人姓名和房号。 2. 查看“房间状况表”，确认客人要求续住的日期里该房是否已被预订。 3. 如果该房没有预订出去，则为客人办理续住。 4. 如果该房已经预订出去，查看预订是否可调换
2	办理延续手续	1. 更改信息。 2. 更改电脑中的离店日期。 3. 重新制作钥匙

房间及房租更改条

ROOM/RATE CHANGE SLIP

宾客姓名 NAME: ______ 团体代号 CODE: ______ 离开日期 DEPT. . DATE: ______

由 FROM 房号 ROOM [ ] 转至 TO 房号 ROOM [ ]

由 FROM 收费 RATE [ ] 转至 TO RATE [ ]

日期 Date ______ 时间 Time ______ 接待员 Receptionist ______

行李员 Bell Boy ______

理由 Reason ______

______

Reception copy

______ Housekeeping 管家部 ______ Operator 电话房 ______ F. O. Cashier 前台收银 ______ Reception 接待处

情景模拟

散客要求换房时的处理

接待员：您好，我能帮您什么吗？

客　人：我想换一间房。

接待员：好的，先生。请问您的房号是？

客　人：856 房。

接待员：856 房的张广先生，对吗？

客　人：是的。

接待员：张先生，我可以知道您换房的原因吗，以便于我们今后的服务能令您更加满意？

客　人：我觉得这个房间的光线不充足，我喜欢光线好的房间。

接待员：好的，张先生，你还是继续住标间吗？
客　人：是的。
接待员：请您稍等！（查看房态）张先生，刚巧10层1015房有空房，是一个窗户朝南的房间，您还可以俯瞰美丽的街景，您看，给您换这间好吗？
客　人：可以，谢谢。
接待员：不客气，能为您服务，感到非常荣幸。张先生，请给我您的房卡、钥匙，好吗？
客　人：给你。
接待员：谢谢。待会儿行李员会帮您搬运行李。这是您的新房卡、钥匙，请您收好！
客　人：好的。
接待员：祝您入住愉快。
客　人：再见。
接待员：再见。（调整房况，在客史档案中做换房记录）

中英文实例

住客换房的服务程序

当客人提出换房要求时，先了解原因。

Good morning，Mr. Li，Could you tell why you want to change your room and what kind of room you prefer?

李先生，您好。请问我能知道您要换房的原因和换房要求吗？

如果是客人的原因，换房要尽量满足客人要求；如果是酒店设施原因，除满足客人要求外，还要将原因记录并上报。

查看房态，找到符合客人要求的房间。

如果无法满足客房要求，应记录客人要求，等到次日优先考虑。如果是酒店原因换房，应报值班经理，给客人折扣。

填写换房通知单，办理相关手续；通知各相关部门。

通知行李员帮助客人换房。

录入电脑，立即更改电脑上的房态。

【课堂组织】

一、班前会

根据全班人数分成10个小组，模拟酒店前厅部员工开班前会：

1. 上课铃响，集合、点到；

2. 检查仪容仪表；

3. 任课教师模拟领班或主管发言：总结前一天工作情况，安排今天的工作任务。（复习上节课知识点，布置实训课内容）

二、教师示范

1. 教师讲解实训课教学内容、教学目的；
2. 教师讲解相关知识；
3. 观看教学录像；
4. 教师简单讲解操作程序及要点；
5. 教师模拟工作示范。

三、学生训练、教师巡查

（一）基本训练

1. 按照两人一组，使用道具和正式表格，模拟工作操作。
2. 学生交换角色，再次进行操作技能训练。

（二）应变训练

1. 将每组学生一分为二，与另一组学生配合，分别模拟，要求模拟客人的学员在预订过程中尽量想出各种合理的特殊要求，请模拟预订员的学员应答。

2. 将两组学生模拟的角色变换后，再进行一次练习。

四、案例实训

换房服务

5 月 23 日早上，客房部房务中心领班小谭从房务中心核对完房态后巡视 10 楼，刚走出员工电梯，就碰到客房服务员小杨。她刚从 1007 房那边过来说：“谭领班，1007 房的客人好像有什么事，是外宾，他说的我不是很懂，麻烦你去看看吧。”小谭走到 1007 房，和外宾寒暄了一下，原来客人是嫌窗户看不到外面，是间暗房，住在这样的房间肯定不舒服，所以他想换房，连包都准备好了。小谭向他表示歉意，并立马向总台反映这个情况。但当时同一类型的房间没有了，而且当时的单人间非常紧张，好多已经预订了，要么换其他房类，要么再等等。于是小谭向客人做了解释，并推荐其他房类。客人觉得一个人住不划算，如果没有的话，只好去其他的酒店。小谭和总台说了这个事情的严重性，叫他们一定留出一个房间，总台就同意了。小谭对客人说：“先生请您放心，我一定给您换个同等的能看到外面的房间。这间房我们暂时为您保留，请留下您的联系方式，换好了我及时打电话给您，您的行李我们也会为您送到您的房间。”随后，小谭又和客人聊了大概有十分钟，客人被小谭的耐心所感动，他遂同意小谭的建议。为了安抚客人的情绪，小谭一直送他到西餐厅吃早餐，客人连声感谢。客人走后，小谭一直留意换房这件事情，始终与房务中心、总台保持联系，终于在下午 1：00 的时候帮客人换好房。客人很是感激，当他退房时，竟然给小谭打了个电话，非常感谢她所做的一切。

当酒店无房可换时，可以采用什么方式安抚客人情绪？

1. 学生案例演绎

教师将案例背景简单介绍后，学生根据案例需要，以小组为单位演绎案例。

2. 展示完后进行集体讨论分析，交流各自意见
3. 教师案例分析总结

五、实训总结

（一）由教师讲解操作要点
（二）回答学生提问
（三）教师根据学生实训情况进行总结表扬

【实训考核】

换房服务实训测试表

班级：________________ 姓名：________________ 时间：________________

检查项目和内容	分值	得分
1. 当客人提出换房要求时，先了解原因	20	
2. 查看房态，找到符合客人要求的房间	20	
3. 填写换房通知单，办理相关手续；通知各相关部门	20	
4. 通知行李员帮助客人换房	15	
5. 录入电脑，立即更改电脑上的房态	15	
6. 礼仪	10	
总分	100	

【情景创设】

1. 主题：客人要求换房间。
2. 地点与情景：海湾大酒店前台部。
3. 内容：入住高峰期间，客人抱怨住的房间有噪声影响休息，要求换房，接待员该如何处理？
4. 操作要求：两名学生共同合作，完成一段对话，处理好该问题。

实训项目八　散客迎送服务

【实训目的】

通过实训，学习和掌握散客迎送服务的相关内容和程序

【实训时间】

8 学时

【实训准备】

实训场地准备：模拟前厅

实训用品准备：礼宾台、行李道具

仪容仪表准备：学生统一着制服，女生盘发

【相关知识】

知识点一　礼宾部行李员和迎宾员

1. 层级关系

直接上级：礼宾部领班

2. 任职要求

（1）自然条件：男 20 ~ 30 岁；身高：1.75m 以上，身体健康、精力充沛，五官端正、仪表端庄。

（2）文化程度：中专或高中以上学历。

（3）工作经验：具有 1 年以上同档星级酒店同类工作经验。

（4）语言能力：流利国语、英语或其他外语。

3. 岗位职责

（1）迎送客人，为进出酒店的客人开车门。

（2）宾客到达时通知行李员搬运行李，在行李未抵达前帮助照顾客人的行李。

（3）为客人指引方向，回答客人的问询。

（4）雨天负责客人的雨具寄存服务。

（5）为客人安排出租车。

（6）协助保安做好车辆疏通工作。

（7）为乘坐出租车进店的客人提供车号服务（以便客人遗失物品时可以查找）。

（8）为进出店客人运送行李。

（9）为客人提供订车服务。

（10）递送宾客邮件、酒店报表、报纸等。
（11）完成客人的委托代办业务。
（12）为宾客提供问询服务。
（13）为客人提供寄存行李业务。
（14）为客人开店门。
（15）为宾客提供店内寻人服务。
（16）提供出借自行车、雨伞服务。
（17）完成交接本内容并协同领班做好行李盘点工作。
（18）领班不在时起代理领班作用。
（19）保持岗位区域内的清洁工作。

知识点二　护顶服务注意事项

对常客应努力记住客人姓名，以示尊重。开门时，要用左手打开车门或70°左右，右手挡住车门上沿，为客人护顶，防止客人碰上头部。开车门时注意总是先打开后座。信仰佛教和伊斯兰教的客人不能护顶。判断这两种客人，应根据客人的衣着。行为举止和工作经验，如无法判断，可把手抬起而不护顶，但随时准备护顶。

迎宾服务的步骤及要求

序号	迎宾步骤	迎宾服务的要求
1	准备工作	到岗前穿着制服、佩戴胸卡，以良好的精神状态迎接客人
2	到岗站姿	双手自然下垂或放置在背后，双脚自然张开，两脚间的距离与肩同宽，抬头挺胸、目视前方、面带微笑，时刻关注门前情况
3	问候客人	客人抵店时，向客人点头致意，表示欢迎："您好，欢迎光临。"如客人乘车，则在距离车辆约10m处引导车辆停在大门中心的相应位置。车停稳后，替客人打开车门，然后热情问候。开车门时，用左手拉开车门成70°角左右，右手挡在车门上沿，为客人护顶，防止客人碰伤头部。对于乘坐出租车的客人，应在乘客结完账后开门，前后都有乘客则应先为右后方乘客开门，再开右前门。对于重要客人或者熟客，应及时准确地称呼客人的姓氏。如遇上雨天，门童则应带好雨具迎接客人下车并要为客人打伞
4	检查是否有遗留物品	门童在客人下车后要帮忙检查是否有遗留物品，然后关上车门
5	为客人卸下行李	客人行李较多时，应马上招呼行李员一起将客人行李搬上行李车，以及提醒行李员与客人核对行李数量；还应询问出租车后备箱是否有行李，不要遗漏
6	团体客人	团体客人到店前，应做好迎接的准备；团体大客车到店时应维持好秩序，对客人点头致意，有行动不便的客人要帮忙扶助，帮助客人提行李；客人下车完毕后，示意司机将车开走，并停到指定停车地点
7	请客人进店	及时为客人拉开酒店正门，说"请进"，同时伸出右手，引向酒店正门，邀请客人进店

中英文实例

迎接散客操作程序

欢迎客人光临：如果是走路来店的客人，主动为客人拉门，致欢迎词；如果是乘车来店的客人，待车停稳以后，将车门打开，躬身向客人致意，并提供护顶服务。

Good morning，welcome to our hotel.

您好，欢迎光临本酒店。

行李员同时走到后车厢，帮客人拿行李。

客人下车以后，要看看有无物品忘在车内，再轻轻地把车门关上。

Please don't leave anything.

请您别忘了小件物品。

同时辨别客人来店目的，分流客人。

记录车牌号，把车引导到合适的地方，以便后面来的车辆可以顺畅通过。

把客人行李从车中卸下，清点行李件数并检查行李有无破损，及时与客人沟通。

Sir，are these your bags? It's three pieces all together，is it right?

先生，这些是您的行李吗？一共三件对吗？

There is losing a trunk of your black suitcase，do you need to help you repair it?

您的这个黑色皮箱有个轱辘掉了，需要我们帮您修理吗？

引领客人到酒店的总台，走在客人前方约1m处，随时侧身照顾客人。

途中可与客人简短交谈，了解客人姓名。

把客人介绍给接待员后，迎宾员应立即回到酒店正门，准备接待下一位客人；行李员在客人身后等候客人办理入住手续。

Mr. Wang，she is the receptionist Xiao Li，she will help you check-in.

王先生，这是我们的接待员小李，她将为您办理入住手续。

客人办理入住登记手续时，站在客人身后等候，看管客人行李，随时听候接待员和客人的指挥。

客人办完入住手续后，行李员接过客人的房卡和钥匙，看清房号，伸手示意电梯的方向。

Mr. Wang，your room number is 806，the lift is there，this way please.

王先生，您的房间是806号，电梯在那边，请这边走。

引客人上电梯，遵循客人“先进先出”的原则。

行李员站在靠近操作台一侧，为上下电梯的所有客人服务。

引领途中，走在客人前方约1m处，随时侧身照顾客人。

转弯时，行李员停步，侧身，微笑，伸手示意：请这边走。

到达客人房间门口时，将行李放在门的一侧，敲门，报部门。

Here is your room，please wait for a moment.

这是您的房间，请稍候。

Bell service.

敲门，您好！行李员。

无人应答后，拿钥匙开门，插入插电板，请客人进入房间。

This way please，sit down please。

跟随进入房间后，将行李放在行李柜或放在客人指定的地方，需要的话为客人挂好衣帽，拉开窗帘。

根据客人需要简单介绍酒店及房间有关情况（餐饮、娱乐场所位置可以在引领途中介绍）：房间朝向、外线和长途电话拨号方法、迷你酒吧、电视节目、电源插座、各服务部门电话等。

This room is facing south，being full of sunshine and being facilities equipment in readiness；Mini-bar for you with all kinds of drinks，here is the price list；the guide of TV programs is on the television；there are electric jacks in bedroom and bathroom；you can dial 9 for off-line，dial 4 for IDD and DDD，dial 3 for bell service，dial 2 for room service…

您的这间客房是朝南的，光线充足，房间设施设备齐全；迷你酒吧为您配备了各种酒水饮料，这是价格表；电视节目指南在电视机上；房间和卫生间都配备了电源插座；外线请先拨 9，开通了长途请拨总机，直接拨 4；行李服务请拨 3；客房服务请拨 2……

介绍房间时，一定要根据客人需要来确定是否介绍及介绍的内容，要灵活应变。

如果客人没有其他要求，退出房间，道别。

Have a good time in our hotel.

希望您入住愉快。

通常首次抵店的客人会有一些关于酒店或城市的问题，要预先准备好相关知识。

送客服务的步骤及要求

序号	送客步骤	送客服务的要求
1	问候客人	对于走出酒店的客人，手上携带行李的要及时道别并主动上前服务。对于暂时外出的客人可以说“一会儿见”。问候时尽量能称呼客人的姓氏，如“某先生，再见”
2	为客人叫车	询问客人是否需要叫出租车，问清目的地，然后招呼在外等候的出租车，如果没有等候的出租车，应该走到酒店路口为客人招呼出租车。等待出租车驶到酒店门口后，提示司机在指定地点停车，为客人开门，请客人上车、护顶、道别，感谢客人光临，期待客人再次光临，预祝旅途愉快。待客人坐稳后再关上车门。 注：门童要安排好在店外候客的出租车，防止出租车为了抢生意而发生混乱
3	协助装运行李	协助行李员将行李装上车，请客人核对无误后关上车辆后备箱
4	送客	当汽车启动时，门童要站到车辆的斜前方向客人挥手道别，目送客人离店，并向司机示意引导车辆驶出酒店
5	送团体客人	送别团队客人时应站在车门一侧，向客人点头致意，并注意对行动不便的客人要及时扶助其上车。等客人都上车后示意司机上车，向客人挥手道别，目送客人离店

中英文实例

送别散客操作程序

接到客人离店需要行李服务的电话后，主动询问客人是否需要叫车，及时联系车队，按照客人要求准时到达客人房间，敲门，报部门。

Bell service。您好，行李员。

主动帮助客人拿已经整理好的行李，提醒客人别遗忘小件物品。

Mr. Li，please check your bags，don't forget anything such as your phone，charger.

李先生，请您检查一下别忘了如手机、充电器等小件物品。

送别客人应走在客人身后，可与客人简单交流，询问客人入住酒店的感受。

客人结账时，将客人行李放上出租车。

客人结账后，向客人交代行李去向；客人上车后，为客人关好车门，躬身告别。

Your luggage's are in the back compartment.

您的行李已经放在后车厢了。

Welcome back to our hotel，have a good trip.

期待您的再次光临，祝您旅途愉快。

【课堂组织】

一、班前会

根据全班人数分成10个小组，模拟酒店前厅部员工开班前会：

1. 上课铃响，集合、点到；
2. 检查仪容仪表；
3. 任课教师模拟领班或主管发言：总结前一天工作情况，安排今天的工作任务。（复习上节课知识点，布置实训课内容）

二、教师示范

1. 教师讲解实训课教学内容、教学目的；
2. 教师讲解相关知识；
3. 观看教学录像；
4. 教师简单讲解操作程序及要点；
5. 教师模拟工作示范。

三、学生训练、教师巡查

（一）基本训练

1. 按照两人一组，使用道具和正式表格，模拟工作操作。
2. 学生交换角色，再次进行操作技能训练。

（二）应变训练

1. 将每组学生一分为二，与另一组学生配合，分别模拟，要求模拟客人的学员在预订过程中尽量想出各种合理的特殊要求，请模拟预订员的学员应答。

2. 将两组学生模拟的角色变换后，再进行一次练习。

3. 注意事项

五步目迎，三步问候，15°鞠躬，面带微笑

四、案例实训

朋友般的服务带来宾客满意和忠诚

11 月 10 日，我们正在紧张积极准备迎接星评老师的到来，经常来我们酒店的一位客人潘先生来到总台，要办理入住，但当时酒店已经没有房间了，接待员小刘也作了如实的告知。客人听后，感到很失望，说每次来上海都是住我们这里的。我见这位客人是熟客，忙走过去给他做了解释，并推荐他入住金科大酒店，潘先生很犹豫，我们向其详细介绍了金科大酒店的一些情况，让潘先生尝试一下，我紧接着说今天金科房间可能也很紧张，要不帮他先在金科预订一间。客人表示同意，我立即打电话到金科酒店为客人预订了一间商务单间。后潘先生又说他司机已将车开走，他拿了几袋行李走过去不太方便，考虑到我当时也是准备下班了，就跟潘先生说我下班了可以帮他一起拿，送他去金科酒店！潘先生很惊喜，在路上与潘先生聊天了解到，客人是来上海出差的，每次来都入住我们酒店，觉得我们这里比国大方便，服务各方面也不错。之后潘先生留了我的电话说以后来上海出差要让我帮他订好房间。15 日我又给潘先生和他一个香港客户订房，退房时了解到他和他的客户都对我们酒店很满意，表示以后都要住这里。

案例点评：

把客人当朋友，客人就会将你当朋友，这样不仅能让客人把酒店当家，也能带来更多客人，这也是让顾客满意和忠诚的一个好方法。

认真地对待每一件小事

10 月 4 日早上，刘先生来到我们礼宾台，要将他的 3 件行李寄存在礼宾部。办好相关的手续后，刘先生便离开了。我将行李做好了登记，并将行李放入行李房，还不到 10min，刘先生就跑过来急冲冲地要取两件行李，我帮客人把行李拿到了门口，将行李装到车上，刘先生便开车离去，还有一件行李刘先生说到中午会来取。我拿了个行李牌挂在行李上，并告诉了一起上班的两位同事，到了下午一点多我正在门口站岗，突然前台的同事叫我到前台接电话，电话是刘先生打来的，说他现在在公司开会，急需存在我们酒店的那件行李，说那件行李里面有一份很重要的文件，但是他在开会没时间过来取。听电话里刘先生着急的声音，我留下了刘先生的电话和公司地址并保证在 1 个小时内将那件行李送到，挂了电话我就带着行李去了刘先生的公司。刚到地方就看到刘先生已经在公司门口等了，马上下车将行李拿到刘先生面前，将行李还给刘先生后我便坐车离开了。在走的时候刘先生紧紧地握着我的手说，下次还要住我们酒店，酒店的这种服务深深地打动了他，并祝愿我们酒店越来越好。

案例点评：

“想客人之所想，急客人之所急”，在该服务案例中，礼宾员在客人来不及取行李的前提下，帮助客人把行李送到客人单位，很好地展现了五星级酒店服务员的服务意识。

1. 学生案例演绎

教师将案例背景简单介绍后，学生根据案例需要，以小组为单位演绎案例。

2. 展示完后进行集体讨论分析，交流各自意见

3. 教师案例分析总结

五、实训总结

（一）由教师讲解操作要点

（二）回答学生提问

（三）教师根据学生实训情况进行总结表扬

【实训考核】

迎客服务实训测试表

班级：________________ 姓名：________________ 时间：________________

检查项目和内容	分值	得分
1. 欢迎客人光临	5	
2. 看看有无物品忘在车内，再轻轻地把车门关上	5	
3. 把客人行李从车中卸下，清点行李件数并检查行李有无破损，及时与客人沟通	10	
4. 引领客人到酒店的总台，走在客人前方约 1m 处，随时侧身照顾客人	10	
5. 客人办理入住登记手续时，站在客人身后等候，看管客人行李，随时听候接待员和客人的指挥	10	
6. 客人办完入住手续后，行李员接过客人的房卡和钥匙，看清房号，伸手示意电梯的方向	10	
7. 引客人上电梯，遵循客人“先进先出”的原则 8. 引领途中，走在客人前方约 1m 处，随时侧身照顾客人	10	
9. 到达客人房间门口时，将行李放在门的一侧，敲门，报部门	5	
10. 无人应答后，拿钥匙开门，插入插电板，请客人进入房间	5	
11. 跟随进入房间后，将行李放在行李柜或放在客人指定的地方，需要的话为客人挂好衣帽，拉开窗帘	10	
12. 根据客人需要简单介绍酒店及房间有关情况	10	
13. 退出房间，道别	5	
14. 礼仪	5	
总分	100	

送客服务实训测试表

班级：________________　姓名：________________　时间：________________

检查项目和内容	分值	得分
1. 敲门，报部门	10	
2. 主动帮助客人拿已经整理好的行李，提醒客人别遗忘小件物品	20	
3. 送别客人应走在客人身后，可与客人简单交流，询问客人入住酒店的感受	20	
4. 客人结账时，将客人行李放上出租车	10	
5. 客人结账后，向客人交代行李去向	20	
6. 客人上车后，为客人关好车门，躬身告别	10	
7. 礼仪	10	
总分	100	

【情景创设】

1. 人员：前厅服务员和客人。
2. 地点与情景：海湾大酒店预订部。
3. 订房内容：散客一家三口，需加床。
4. 操作要求：两名学生共同合作，完成一段订房对话，共同填写一份订房表。

实训项目九　VIP 客人接待服务

【实训目的】

通过实训，掌握 VIP 接待工作的内容和程序

【实训时间】

4 学时

【实训准备】

实训场地准备：模拟前厅

实训用品准备：VIP 接待通知单、房卡、钥匙、入住登记表

仪容仪表准备：学生统一着制服，女生盘发

【相关知识】

知识点一　什么是 VIP 客人

身份地位高，能给酒店带来生意，多次住店和酒店工作人员关系密切的人为 VIP 客人，very important person。

知识点二　VIP 接待前的准备工作

1. 组成由相关人员构成的重要客人接待小组，负责重要客人的所有接待任务。

2. 了解重要客人旅行的目的、爱好、生活习惯、宗教信仰和禁忌及特殊服务要求等。

3. 根据重要客人的等级，安排相对应的房间，制作重要客人信封，放入钥匙及房卡。

4. 将重要客人即将入住的客房进行全面、彻底的清洁，并根据重要客人的特殊要求进行适当的布置（如：放上印好的重要客人姓名的浴袍、拖鞋、信封，并放好有总经理签名的欢迎卡等）。

5. 根据 VIP 客人的级别，由酒店不同级别的管理人员在大厅等候，迎接客人。

知识点三　VIP 入住手续办理程序

1. 准备工作

（1）填写 VIP 申请单，上报总经理审批签字认可；

（2）VIP 房的分配力求选择同类客房中方位、视野、景致、环境、房间保养等方面处于最佳状态的客房；

（3）根据预订资料，查询 VIP 档案，将登记单初步填好，然后将装有房卡钥匙等的欢迎信封及登记单放到 AM 处；

（4）AM 在客人到达前检查房间，确保房间状态正常，礼品发送准确无误，并将登记单、房卡钥匙按要求在房间内放好。

2. 办理手续

（1）准确掌握当天预抵 VIP 的姓名；

（2）以客人姓名称呼客人，及时通知 AM，由 AM 亲自迎接；

（3）AM 向客人介绍酒店设施，并亲自将客人送入房间，然后将客人填好的登记单送回接待处，并落实房费标准、付款方式、IDD 的开启等事项。

3. 电脑输单

（1）根据登记单，将 VIP 资料准确输入电脑；

（2）在电脑中注明“VIP—A/B/C”字样以提示其他部门的人员注意；

（3）为 VIP 建立客史档案，并注明身份，以作日后订房和查询的参考资料。

知识点四　VIP 客人预报表

TODAY’S VIP STAYOVER REPORT

今日住店 VIP 报告

CC：FRONT OFFICE MANAGER

HOUDEKEEPING

DATE

日期：

NAME OF GUEST 姓名	POSITON/COMPANY/TITLE 职位/公司（单位）	ARRIVAL 抵店日期	DEPARTURE 离店日期	ROOM NO. 房号
CLERK ________SUPERVISOR ________				

EXPECTED VIP DEP REPORT

次日 VIP 离店报告

CC：FRONT OFFICE MANAGER

ASSISTANT MANAGER

DATE

日期：

NAME OF GUEST 姓名	ROOM NO. 房号	VIP ARR. DATE 抵店日期	POSITION/COMANY/TITLE 职位/公司（单位）	DEP. TIME 离店时间
CLERK ________SUPERVISOR ________				

【课堂组织】

一、班前会

根据全班人数分成10个小组，模拟酒店前厅部员工开班前会：

1. 上课铃响，集合、点到；
2. 检查仪容仪表；
3. 任课教师模拟领班或主管发言：总结前一天工作情况，安排今天的工作任务。（复习上节课知识点，布置实训课内容）

二、教师示范

1. 教师讲解实训课教学内容、教学目的；
2. 教师讲解相关知识；
3. 观看教学录像；
4. 教师简单讲解操作程序及要点；
5. 教师模拟工作示范。

三、学生训练、教师巡查

（一）基本训练

1. 按照两人一组，使用道具和正式表格，模拟工作操作。
2. 学生交换角色，再次进行操作技能训练。

（二）应变训练

1. 将每组学生一分为二，与另一组学生配合，分别模拟，要求模拟客人的学员在预订过程中尽量想出各种合理的特殊要求，请模拟预订员的学员应答。
2. 将两组学生模拟的角色变换后，再进行一次练习。

四、案例实训

让外国友人在异国感受家的温暖

9月16日晚上，前台刚空暇之际，一位来自伊朗的客人走到前台用英语问道："我最近有个2～3天的假期，我想好好去旅游参观一下上虞的景点，请问有什么比较好的建议呢？"我立即把客人带到礼宾处，拿出我们的旅游地图等四季特色旅游路线给客人看。客人边看着图册，我边帮忙翻译着各个景点的特色之处。最终选择了龙山风景区，我把旅游景点名字写在酒店名片上，客人拿着欣然回房间去了。

可是我的心里隐隐约约感觉到，也许他需要我更多的帮助。想着明天上的是下午的班，早上还有点空，而去爬龙山，清晨时分是最好的。没多想，我就打电话到他的房间，告诉了他我和他一起爬山的想法，他在电话那边很惊讶并高兴地答应了。

第二天早上，在约好的地点和时间，我们准时碰面了，虽然只睡了四五个小时的觉，但是想到能帮到他，顿时精神抖擞。一路上，我们畅聊无比，聊到酒店，他举起大拇指说："你们雷迪森酒店真是个不错的酒店！里面的硬件软件都不错，尤其是你们的服务！"我很真挚地说了声"谢谢"！来到龙山下，小时候的回忆顿时涌现出来，我和他说："龙山好比就是上虞的母亲山，曹娥江好比上虞的母亲河，而龙山公园就是我们童年最美好的回忆。"一路上，我们相伴爬山，在半山腰碰到驼着石头的骡子，大家都停下看了个明白。半个小时后，我们终于满头大汗地抵达了山顶，眺望四周，上虞的美景尽收眼底。他拿出DV拍了起来，嘴上说着："真美的风景！"回去的路上，我们路过一个小集市，那里有着当天最新鲜的蔬菜、水果、肉类等。他好奇地看着摊位上的货品，摊主也很热情地打着招呼："Hello！"他经常停下脚步问我，这是什么？我就一一解释给他听，高兴之余，他还会拿出他的相机拍下来，说要给他的朋友家人看。当天中午，我陪他去了比较有特色的餐馆，点了他爱吃的黑木耳，他十分感谢地说："谢谢你，因为你，我吃饭才不会太孤单！"

接下来的日子，他送了我产自他们国家的一盒特别的糖果，我则在中秋佳节送上了一盒酒店的月饼，让他感受到过节的气氛，他连连称道里面的馅料很好吃，口味很特别！我还陪他一起逛街，挑选了他女儿Negara的衣服和鞋子，陪他去做他最喜欢的精油按摩。他还邀请我一起前去杭州游玩，因上班缘故我谢绝了，知道他需要买去杭州的火车票时，我就冒着雨去排队买票。从杭州回来以后，他还对我抱怨说："在杭州住的那个酒店很糟糕。"我说为什么呢？他说因为那里没有范沁！

相聚很短暂，但是回忆很美好！我们也因此成了好朋友！同样你也会发现你收获的不仅仅只是这些，而是一段珍贵的跨国友情！

案例点评：

在对客服务中，为宾客创造感动和惊喜，是每一位酒店员工引以为荣的神圣使命。在为客人服务时，把宾客当亲人，把宾客当家人，让客人感受到员工的关心和关怀，更是我们殷勤好客的待客之道。

在为外宾提供服务时，总台员工范沁能用心感悟宾客的需求，利用自己休息的时间，陪同外宾一起去爬龙山，让外宾在异国他乡感受到了家的温暖，这种服务的理念和精神值得我们每一位酒店人学习。

1. 学生案例演绎

教师将案例背景简单介绍后，学生根据案例需要，以小组为单位演绎案例。

2. 展示完后进行集体讨论分析，交流各自意见。

3. 教师案例分析总结。

五、实训总结

（一）由教师讲解操作要点

（二）回答学生提问

（三）教师根据学生实训情况进行总结表扬

【实训考核】

VIP 接待服务实训测试表

班级：________________ 姓名：________________ 时间：________________

检查项目和内容			分值	得分
接待前	熟悉接待计划	仔细阅读“VIP 接待计划书”，准确了解 VIP 的服务等级和具体要求	3	
		重要事宜及特殊要求要做好记录	3	
	落实接待事宜	下发 VIP 入住通知单：营销部、前厅部、客房部做好各部门的沟通与落实工作	3	
		按 VIP 的酒店行程安排，与相关部门一起落实、检查 VIP 的交通、食宿、行李运输等事宜	3	
		确定房号，仔细检查房间，确保房间良好状态	3	
		同客房部检查好所有房间及 VIP 布置	3	
	做好各类准备并确认	准备鲜花	2	
		制作总经理欢迎信并将其放入 VIP 房内	2	
		填写 VIP 的入住登记单	2	
		准备好相应的房卡、钥匙	2	
		VIP 抵达前 2h 完成 VIP 房及 VIP 需前往的各类活动场所的设施设备、卫生状况、赠品摆设、留言簿和宣传资料等的检查工作	5	
接待中	门店迎接	提醒总经理提前 10min 到位，确保接待工作准确无误	3	
		提前 15min 在入口等候 VIP	2	
		手持鲜花、微笑、恭候客人	2	
	入店服务	用准确的职务和姓名来称呼和迎接	2	
		手持房卡钥匙正确引领、陪同进房	3	
		介绍房内设施	2	
		请 VIP 在入住登记表上签名	2	
		热情礼貌、准确有效地答复 VIP 提出的问题	5	
		礼貌退出	2	
	日常服务	关注 VIP 入住期间各项服务的衔接和落实	5	
		随时关注 VIP 动向，及时向酒店高层管理人员、接待部门报告，以便提供优质服务	5	
	送客服务	贵宾离开的前一天，电话确认离店日期、时间、行李、交通、用餐等事宜	5	
		将 VIP 离店的相关事宜记录在日志上	5	
		下发 VIP 离店通知单：营销部、前厅部、客房部	5	
	离店服务	督办行李服务：在约定时间安排行李员到房间拿行李	3	
		督办退房服务：安排总台收银员准备好账单，安排并协助总台接待员办理退房手续	3	
		确认专车在门外等候	3	
		结账后送客人上车	2	
		感谢客人入住，欢迎客人再次入住	2	
接待后	善后事宜	制作好 VIP 客史档案	5	
		整理归档 VIP 客史档案	3	
总分			100	

【情景创设】

1. 主题：码头接客。

2. 地点与情景：九洲码头。

3. 内容：酒店代表去到九洲码头接几名香港客人，但等了一小时，仍未见到客人，这时作为酒店代表，你该怎么办？

4. 操作要求：两名学生共同合作，找出合理的解决办法，并以书面的形式写出解决办法。

实训项目十　散客行李服务

【实训目的】

通过实训，掌握散客行李服务的工作的内容和程序，相关知识和技巧

【实训时间】

12 学时

【实训准备】

实训场地准备：模拟前厅

实训用品准备：预订单、笔、行李道具等

仪容仪表准备：学生统一着制服，女生盘发

【相关知识】

知识点一　散客抵店行李服务

1. 迎接客人

主动问候客人。

2. 卸放行李

检查、清点行李有无破损和缺少，大件行李装行李车，贵重及易碎物品应让客人自己拿好。

3. 引领客人至总台

（1）引领客人时，应走在客人的左前方两三步远处，随着客人的脚步走，在拐弯和人多时应回头招呼客人。

（2）途中可视情况询问客人姓名、有无预订、是否初次到达本店等。

4. 看管行李

（1）客人在总台办理入住登记时，行李员站在客人身后 2m 左右处看管行李。

（2）眼睛注视着接待员，并随时听从接待员的提示。

5. 引领客人至客房

（1）当客人登记完毕后，应主动上前接过钥匙，引领客人前往客房；

（2）引领途中走在客人侧前方两三步远处，搭乘电梯时请客人先上先下，适时向客人介绍酒店的特色、新增服务项目、特别推广活动等。

（3）房间到时知会客人，按“敲门—通报”的程序将房门打开，立于一侧，请客人先进。

（4）将行李放在行李架上，介绍房内设施设备及其使用方法。

【特别提示】

进房前简短地向客人介绍紧急出口及客人房间在酒店的位置；进房时向客人介绍钥匙的使用方法及电源开关；有选择地向客人介绍电视的收看、电话的使用、小酒吧的收费及主要电话号码等。

6. 道别、返回大厅

（1）询问客人是否还有其他需要，如果没有则应祝客人入住愉快。

（2）离开房间，退后一两步，然后转身走出，面朝房内轻轻将房门关上，再迅速离开。

（3）从员工通道返回礼宾台，在“散客行李入住记录”上逐项填写并签名。

事后提醒：为了能做好行李服务工作，要求行李组领班及行李员必须掌握酒店服务与管理的基础知识，了解店内、店外诸多服务信息；具备良好的职业道德，诚实、责任心强、性格活泼开朗、思维敏捷；熟知礼宾部、行李员的工作程序及操作规则、标准。

知识点二　散客离店行李服务

事前提示：站在礼宾台时，注意大厅内客人的情况，发现客人携行李离店时，要主动上前提供相应的服务。这里介绍的是接听到客人收取行李的电话后的服务程序和标准。

1. 离店准备

（1）接听客人收取行李的电话，问清房号、行李件数、收取时间。

（2）推行李车，3min 内或按客人要求准时到达房间。

2. 提取行李

（1）“敲门—通报”进房，问候客人，同客人一起清点行李件数，检查有无破损，并系上填好的行李卡。

（2）如客人不在房，请楼层服务员开门取行李，并注意检查有无客人的遗留物品。

3. 引领客人

（1）引领客人至大堂，请客人先行，保持一定距离。

（2）先确认客人是否结账，如未结账则礼貌地暗示客人到收款处结账。

（3）再次请客人确认行李件数。

（4）确认客人已经结清账目，用手势告诉门厅应接员叫车，将行李装上车。

4. 道别返回

（1）向客人礼貌地道别，祝客人旅途愉快，欢迎客人再次光临。

（2）返回大堂，至礼宾台逐项填写“散客离店行李登记表”并签名。

▼ 散客行李离店登记表

事后提醒：必要时通知门卫为客人叫来出租车。

散客抵店时行李运送服务程序与标准

散客人住行李服务步骤		具体服务要求
1	行李员主动向客人表示欢迎	请客人一起清点行李件数并检查行李是否有破损，如果客人行李较多可用行李车运送，然后把客人引领到酒店接待处。用行李车运送时，应该将大件、重的行李放在下面，小的、轻的行李放在上面，并要注意易碎品及不能倒置的行李的摆放。对于客人的贵重物品、手提包、易碎品等不必主动提拿，如果客人要求协助提拿则一定要小心轻放
2	引领客人	走在客人左前方，距离两三步，步伐节奏要与客人保持一致，拐弯处或人多时，要回头招呼客人。将客人引导至接待处后，行李员站在接待处前（离服务柜台 1.5～2m）客人侧后方等候，手背后站在行李后方，替客人看管行李，随时留意客人举动并听候吩咐
3	客人办理完入住手续后	上前从接待员手中接取房间钥匙，护送客人到房间，遇到拐角时要向客人示意。途中，要主动热情地向客人介绍酒店的服务设施及各部门营业时间。如果客人有其他事情要办，要求先将行李送入其客房，行李员要记好房间号，将钥匙交还给客人，然后去前台问讯处借楼层钥匙乘坐货梯将行李送入房间
4	乘坐电梯	要先侧身护住电梯门让客人进出电梯，为客人按楼层键。电梯开门后行李员应先按住门口的按钮先让客人进出电梯，如果有其他客人，也应该让其他客人先进电梯。进入电梯后行李员应替客人按下相应的楼层按钮，如果有其他客人也应该询问他们需要到达的楼层，并帮助他们按下按钮，当乘坐电梯的客人很多，行李员又推着行李时，应该先将钥匙交给客人，请客人先到房间，并说明自己会乘坐行李专用电梯随后到达。酒店没有其他专用电梯，可以让客人先上楼，自己等待下一部电梯
5	出电梯后	出电梯时应先说“请”，自己按住开门按钮，并用手势示意客人先出电梯。行李员应走在客房所在位置走廊的另一边，让出视线给客人，当到达客房门口时应该提示客人已到达。进入客房前，不管这间客房是否是空房，都应该先按门铃，并敲门一长二短共三声。具体做法如下：先按一下门铃，停 3s 后再按一次门铃，同时要报“行李服务”或“bell service”各一次，然后通报一次确认为空房后再进入房间。如客人是晚上到达酒店，行李员应该先进入房间打开灯再请客人进入。将行李放在行李架上或按客人吩咐放好，请客人清点行李数量，将钥匙交还给客人。要注意行李车不能推进房间。进房后，如发现已有客人的行李或房间未整理，或是客人对房间不满意，要立即向客人道歉，并与前台联系，为客人换房
6	行李放置之后	放好行李后，简要介绍房内的主要设施及使用方法。如果客人以前曾住过本店，则不用介绍，只要介绍最新的服务项目
7	介绍完毕后	征询客人是否有其他需要，可以问：“先生（小姐），还有其他需要吗?”如果客人没有别的吩咐应该立即离开，避免有向客人索要小费的嫌疑。离开时应说：“希望您住得愉快。”退出客房时应该面带微笑，面向客人告别并将房门轻轻关上。以上操作过程，一般普通房不可超过 18s，套房不可超过 25s。如果客人有事先到别处，要求行李员先将行李直接送入房间，一定要认真落实行李所送房间号码准确无误
8	填表	返回礼宾台逐项填写“散客离店行李登记表”并签名

中英文实例

载客车辆到店时，行李员应迅速走向车辆，在迎宾员迎宾的同时直接走向后车厢。

如果没有迎宾员迎客，则完成迎宾员的迎宾工作后再走向后车厢。

客人下车以后，要看看有无物品忘在车内，再轻轻地把车门关上。

Please don't leave anything.

请您别忘了小件物品。

同时辨别客人来店的目的，分流客人。

记录车牌号及出租公司联系电话交给客人。

把客人行李从车中卸下，清点行李件数并检查行李有无破损，及时与客人沟通。

Sir, are these your bags? It's three pieces all together, is it right?

先生，这是您的行李吗？一共三件，对吗？

There is losingtrunk of your black suitcase, do you need to help you repair it?

您的这个黑色皮箱有个轱辘掉了，需要我们帮您修理吗？

委婉提问，注意语言技巧。

引领客人到酒店的总台，走在客人前方约1m处，随时侧身照顾客人。

途中可与客人简短交谈，了解客人姓名。

把客人介绍给接待员后，行李员在客人身后等候客人办理入住手续。

Mr. Wang, she is the receptionist Xiao Li, she will help you check-in.

王先生，这是我们的接待员小李，她将为您办理入住手续。

客人办理入住手续时，站在客人身后等候，看管客人行李，随时听候接待员和客人的指挥。

Mr. Wang, your room number is 806, the lift is there, this way please.

王先生，您的房间是806号，电梯在那边，请这边走。

引客人上电梯，遵循客人“先进先出”的原则。

行李员站在靠近操作台一侧，为上下电梯的所有客人服务。

引领途中，走在客人前方约1m处，随时侧身照顾客人。

转弯时，行李员停步、侧身、微笑、伸手示意：“请这边走。”

到达客人房间门口时，将行李放在门的一侧，敲门、报部门。

Here is your room, please wait for a moment.

这是您的房间，请稍等。

Bell service.

（敲门）您好！行李员。

无人应答后，拿钥匙开门、插入插电板，请客人进入房间。

This way please, sit down please.

请进！请坐！

跟随进入房间后，将行李放在行李柜或放在客人指定的地方，需要的话为客人挂好衣帽，拉开窗帘。

根据客人需要简单介绍酒店及房间有关情况（餐饮、娱乐场所位置可以在引领途中介绍）：房间朝向、外线和长途电话拨号方法、迷你酒吧、电视节目、电源插座、各服务部门电话等。

This room is facing south, being full of sunshine and being facilities equipment in readiness; Mini-bar for you with all kinds of drinks, here is the price list; the guide of TV programs is on the television; there are electric jacks in bedroom and bathroom; you can dial 9 for off-line, dial 4 for IDD and DDD, dial 3 for bell service, dial 2 for room service…

您的这间客房是朝南的，光线充足，房间设施设备齐全；迷你酒吧为您配备了各种酒水饮料，这是价格表；电视节目指南在电视机上；房间和卫生间都配备了电源插座；外线请先拨 9，开通长途请拨总机，直接拨 4；行李服务请拨 3；客房服务请拨 2……

介绍房间时一定要根据客人需要来确定是否介绍及介绍的内容，要灵活应变。

如果客人没有其他要求，退出房间，道别。

Have a good time in our hotel.

希望您入住愉快！

通常首次抵店的客人会有一些关于酒店或城市的问题，要预先准备好相关知识。

散客离店行李服务程序与标准

散客离店行李服务步骤		具体服务要求
1	准备工作	站在大门口两侧及前台边侧的行李员遇到有客人携带行李离店时，应主动上前提供服务
2	接到通知	当客人用电话通知礼宾部要求运送行李时，应有礼貌地询问其房间号、姓名、行李件数及搬运时间等，并详细记录。然后按时到达客人所到楼层，行李员可以根据行李件数决定是否需要带行李车上楼
3	取行李前	行李员在上楼取行李前，通过计算机系统或与前台收银处联系，核查客人是否已经结账，这样可以及时提醒客人在离店时去收银处结账
4	取行李时	行李员在按客人要求的时间到客房取行李。到达客房门口后，先将行李车停靠在客房门口一侧，进入房间前，要先按门铃，再敲门，通报，征得客人同意后才能进入房间。进入客房后主动问候客人并进行自我介绍说明来由，与客人共同清点行李件数，检查行李有无破损，如果遇到易碎品就要在物品上贴好“易碎物品”标志。然后与客人告别，迅速提着行李（或推行李车）离开房间。如果客人要求一起离开，要提醒客人不要遗留物品在房间内，离开房间时要轻轻关门
5	等候客人结账	行李员礼貌地请客人出房，主动为客人按电梯，提供电梯服务。到达大堂后对于没有结账的客人，行李员应礼貌地询问是否需要去收银台结账。客人结账时，要站在离客人身后 1.5～2m 处等候，待客人结账完毕，将行李送到大门口
6	送客人离开	送客人离开酒店，行李员将行李搬上车辆，再次请客人清点行李件数后再装上车，向客人告别，祝客人旅途愉快
7	客人离开后	完成行李运送工作后，填写散客离店搬运记录

中英文实例

接到客人离店需要行李服务的电话后，主动询问客人是否需要叫车，及时联系车队；按照客人要求准时到达客人房间，敲门、报部门。

Bell service.

您好！行李员。

主动帮助客人拿已经整理好的行李，提醒客人别遗忘小件物品。

Mr. Li，please check your bags ，don't forget anything such as your phone，charger.

李先生，欢迎您提出宝贵意见。

客人结账时，将客人行李放上出租车。

客人结账后，向客人交代行李去向；客人上车后，为客人关好门，躬身告别。

Your luggage's are in the back compartment.

您的几个黑色皮箱已经放在后备厢了。

Welcome back to our hotel，have a good trip.

期待您的再次光临，祝您旅途愉快！

情景模拟

散客抵店行李服务

行李员：您好，欢迎光临！

客　人：你好。

行李员：先生，请您稍等！

客　人：好的。

行李员：（从车的后备箱往外拿行李）您的行李是两件，对吗？

客　人：是的，没问题。

行李员：好的。先生，请随我来！（打手势）请问，您怎么称呼？

客　人：我叫张三。

行李员：张先生，您好！您是初次到本店吗？

客　人：是的。

行李员：张先生，请问您有预订吗？

客　人：有的，我一个月前就跟你们订了房。

行李员：谢谢您的订房。张先生，总台到了，请您在这儿办理入住手续。

（向接待员示意说：有预订的张先生到了）

（办完手续后）张先生，请往这边走！（打手势）

（途中或等电梯时介绍）您看，那儿就是自助餐厅，明早您可以到那里用餐。

（电梯到达，护住梯门，请客人先进）

张先生，咖啡厅新进了法国名贵的红葡萄酒，正在搞促销活动，有工夫您不妨前去看看。

客　人：好的，有时间我会去的。

行李员：谢谢，张先生，最近餐厅新推出了一款山珍靓汤，客人们都反映不错，欢迎您前去品尝。

客　人：好的，谢谢你。

行李员：不客气，很高兴为您效劳。（电梯到达，请客人先出，再次打手势引领）
张先生，您的房间到了，请稍等。
（敲门，通报）行李员。（向客人演示开启房门）张先生，您看，将钥匙贴近感应区域，绿灯亮起，扭动门把手就可以将门打开了。（钥匙插进电卡中，开廊灯，退到门一侧）张先生，请进。（打手势）
您的行李放在行李架上，好吗？

客　人：好的。

行李员：张先生，我能为您介绍房内设施设备的使用情况吗？

客　人：好的。

行李员：中央空调有高、中、低三个挡，您可以按照需要这样进行调节（演示）；冰箱里有收费的酒水、饮料，饮用后请您及时填写饮料单，最后会计入您的个人总账；电视1～5频道是收费节目，如果您有需要请拨打电话123。如果您打外线，请先加拨零。张先生，如果您有什么不清楚的地方，请阅读《酒店服务指南》。

客　人：好的，谢谢。

行李员：不客气，能为您服务我感到非常荣幸。张先生，您还有什么需要吗？

客　人：先这样吧。

行李员：好的，祝您入住愉快。

客　人：再见。

行李员：再见。（面朝房内退后3步，然后转身退出）

【课堂组织】

一、班前会

根据全班人数分成10个小组，模拟酒店前厅部员工开班前会：

1. 上课铃响，集合、点到；
2. 检查仪容仪表；
3. 任课教师模拟领班或主管发言：总结前一天工作情况，安排今天的工作任务。（复习上节课知识点，布置实训课内容）

二、教师示范

1. 教师讲解实训课教学内容、教学目的；
2. 教师讲解相关知识；
3. 观看教学录像；
4. 教师简单讲解操作程序及要点；

5. 教师模拟工作示范。

三、学生训练、教师巡查

（一）基本训练

1. 按照两人一组，使用道具和正式表格，模拟工作操作。

2. 学生交换角色，再次进行操作技能训练。

（二）应变训练

1. 将每组学生一分为二，与另一组学生配合，分别模拟，要求模拟客人的学员在预订过程中尽量想出各种合理的特殊要求，请模拟预订员的学员应答。

2. 将两组学生模拟的角色变换后，再进行一次练习。

四、案例实训

开重房之后

某晚八时，前厅接待处开重房。将刚出租的1311房又安排给了住店的日本客人上阪和庆，客人进房后没有发现已有人入住，将行李放下，大衣挂在衣橱内去餐厅用餐。总台发现开重房后没有及时汇报，在餐厅找到了上阪和庆，将他的房间换至1511并答应客人由行李员帮客人把行李拿至1511。行李员只拿了客人的行李，却将大衣留在了1311房，待第二天中午客人离店时发现大衣不见，再去1311房寻找时，已无去向，原1311房客人也已离店。客人认为是酒店排房和换房的两次失误造成了大衣的遗失，向酒店投诉要求给予赔偿。

案例点评：

客人反映属实。开重房本是接待员不该犯的错误，而在发现开重房后，只让行李员一人至房间搬运客人行李，也属程序错误，因行李员根本无法辨别房间内的行李是属于哪一位客人的。事后，总台又未执行与客人确认行李的程序，故此事由接待员负完全责任。赔偿客人物品遗失费用的一千元由该开重房的接待员承担。部门对于该员工进行考核。

教训：酒店员工在对客服务时应严格按照程序操作，并站在客人的角度，想客人所想，提供细心、周到的优质服务。

1. 学牛案例演绎

教师将案例背景简单介绍后，学生根据案例需要，以小组为单位演绎案例。

2. 展示完后进行集体讨论分析，交流各自意见

3. 教师案例分析总结

五、实训总结

（一）由教师讲解操作要点

（二）回答学生提问

（三）教师根据学生实训情况进行总结表扬

【实训考核】

抵店行李运送服务实训测试表

班级：__________ 姓名：__________ 时间：__________

检查项目和内容	分值	得分
1. 欢迎客人光临	5	
2. 看看有无物品忘在车内，记录车牌号	10	
3. 清点行李件数并检查行李有无破损	10	
4. 引领客人到酒店的总台，走在客人前方约 1m 处，随时侧身照顾客人	5	
5. 客人办理入住登记手续时，站在客人身后等候，看管客人行李，随时听候接待员和客人的指挥	10	
6. 客人办完入住手续后，行李员接过客人的房卡和钥匙，看清房号，伸手示意电梯的方向	5	
7. 引客人上电梯，遵循客人“先进先出”的原则	10	
8. 引领途中，走在客人前方约 1m 处，随时侧身照顾客人	5	
9. 到达客人房间门口时，将行李放在门的一侧，敲门，报部门	5	
10. 无人应答后，拿钥匙开门，插入插电板，请客人进入房间	5	
11. 跟随进入房间后，将行李放在行李柜或放在客人指定的地方，需要的话为客人挂好衣帽，拉开窗帘	10	
12. 根据客人需要简单介绍酒店及房间有关情况	10	
13. 退出房间，道别，填表	5	
14. 礼仪	5	
总分	100	

离店行李运送服务实训测试表

班级：__________ 姓名：__________ 时间：__________

检查项目和内容	分值	得分
1. 敲门，报部门	10	
2. 主动帮助客人拿已经整理好的行李，提醒客人别遗忘小件物品	20	
3. 送别客人应走在客人身后，可与客人简单交流，询问客人入住酒店的感受	20	
4. 客人结账时，将客人行李放上出租车	10	
5. 客人结账后，向客人交代行李去向	20	
6. 客人上车后，为客人关好车门，躬身告别，登记填表	10	
7. 礼仪	10	
总分	100	

【情景创设】

1. 主题：团体入住行李服务。

2. 地点与情景：海湾大酒店行李部。

3. 内容：某团队客人入住时，行李员发现一件行李上没有客人的姓名和房号，这时，作为行李员将如何处理？

4. 操作要求：两名学生共同合作，找出合理的解决办法，并以书面的形式写出解决办法。

实训项目十一　行李寄存服务

【实训目的】

通过实训，学习行李寄存服务工作的内容和程序

【实训时间】

8 学时

【实训准备】

实训场地准备：模拟前厅
实训用品准备：行李寄存单、行李道具
仪容仪表准备：学生统一着制服，女生盘发

【相关知识】

知识点一　行李寄存服务

事前提示：

- 行李房不寄存现金、金银首饰、珠宝、玉器、护照以及宠物等。上述物品应礼貌地请客人自行保管，或放到前厅收款处的保险箱内免费保管。已办理退房手续的客人如想使用保险箱，需经大堂副理批准。
- 酒店及行李房不得寄存易燃、易爆、易腐烂或有腐蚀性的物品；不得存放易变质食品及易碎物品。如客人坚持要寄存，则应向客人说明酒店不承担赔偿责任，并做好记录，同时在易碎物品上挂上“小心轻放”的标牌。
- 如发现枪支、弹药、毒品等危险物品，要及时报告保安部和大堂副理，并保护现场，防止发生意外。
- 提示客人行李上锁，对未上锁的小件行李须在客人面前用封条封好。

1. 礼貌应接

客人前来寄存行李时，行李员应热情接待，礼貌服务。

2. 弄清情况

（1）弄清客人的行李是否属于酒店不予寄存的范围。

（2）问清行李件数、寄存时间、宾客姓名及房号。

（3）填写“行李寄存单”，并请客人签名，上联附挂在行李上，下联交给客人留存，告知客人下联是领取行李的凭证。

◆ **行李寄存单**

3. 存放行李

将半天、一天、短期存放的行李放置于方便搬运的地方；如一位客人有多种行李，要用绳系在一起，以免错拿。

4. 进行登记

（1）经办人须及时在“行李寄存记录本”上进行登记，并注明行李存放的件数、位置及存取日期等情况。

（2）如属非住客寄存、住客领取的寄存行李，应通知住客前来领取。

事后提醒： • 行李寄存及领取的类别有 3 种：①住客自己寄存，自己领取；②住客自己寄存，让他人领取；③非住客寄存，但让住客领取。

• 酒店礼宾部为方便住客存取行李，保证行李安全，会有专门的行李房并建有相应的制度：①行李房是为客人寄存行李的重地，严禁非行李房人员进入；②行李房钥匙由专人看管；③做好“人在门开，人离门锁”；④行李房内严禁吸烟、睡觉、堆放杂物；⑤行李房要保持清洁；⑥寄存行李要摆放整齐；⑦寄存行李上必须系有“行李寄存单”。

知识点二　行李领取服务

事前提示：行李员在工作时应常对行李进行整理，以便及时发现问题；“行李寄存单”“行李寄存记录本”的使用要保证规范、正确。

1. 签名询问

（1）客人来领取行李时，收回“行李寄存单”下联，请客人当场在寄存单下联上签名。

（2）询问行李的颜色、大小、形状、件数、存放的时间等，以便查找。

2. 核对记录

（1）核对“行李寄存单”上、下联的签名是否相符，如相符则将行李交给客人。

（2）在“行李寄存记录本”上做好记录。

【特别提示】

• 如住客寄存、他人领取，须请住客把代领人的姓名、单位或住址写清楚，并请住客通知代领人带“行李寄存单”的下联及证件来提取行李。行李员须在“行李寄存记录本”的备注栏内做好记录。

• 当代领人来领取行李时，请其出示存放凭据，报出原寄存人的姓名、行李件数。行李员收下“行李寄存单”的下联并与上联核对编号，然后查看“行李寄存记录本”，核对无误后，将行李交给代领人。请代领人写收条并签名（或复印其证件）。将收条和“行李寄存单”的上下联订在一起存档，最后在记录本上做好记录。

• 如果客人遗失了“行李寄存单”，须请客人出示有效身份证件，核查签名，请客人报出寄存行李的件数、形状特征、原房号等。确定是该客人的行李后，须请客人写一张领取寄存行李的说明并签名（或复印其证件）。将客人所填写的证明、证件复印件、“行李寄存单”上联订在一起存档。

• 来访客人留存物品，让住店客人提取的寄存服务，可采取留言的方式通知住客，并参照寄存、领取服务的有关条款进行。

事后提醒：客人的行李寄存时间早已过期，但无人领取时，行李员应及时汇报领班或大堂副理，并做好登记，由领班或大堂副理查找后联系客人，通知客人及时领取行李。

知识点三　常见问题处理

1. 发现无人认领的行李

无人认领的行李一般有 3 种情况：

（1）发放团队行李时无人领取，行李员首先应将情况向领班汇报，由领班及时与该团队的陪同或领队沟通，行李员此时要协助陪同或领队一起寻找行李的主人。

（2）客人行李寄存时间早已过期但无人领取，行李员应及时汇报领班，由领班查找后联系客人，通知客人及时取行李。若客人表示没有时间或不方便领取时，行李员应征求客人意见后做出相应的处理，必要时行李员应提供帮助。

（3）在大堂发现无人认领的行李，行李员应首先向前台其他人员了解情况，然后将行李放在行李房，根据行李上的线索查找失主，及时汇报上级管理人员并做好登记，以便及时告诉来寻者。

2. 送客人进房时，房间尚未整理或有行李

（1）马上关上房门，向客人致歉，请客人稍候，立即到总台为客人调换房间。

（2）带客人到新换的房间，并再次向客人致歉。

3. 行李已到，但客人未到

（1）如果事先已排好房，可根据排房表姓名与房号填写行李标签，根据行李标签上已写明的房号先将其送进房间。

（2）如未排房，先将行李寄放行李房，待团队到时，由陪同核对到店行李件数，待排好房后再将其送进房。

4. 当行李送入房间时，客人说有缺少

（1）向客人致歉，迅速查找失误环节，主动与陪同联系，协助查找并安慰客人。

（2）如到店行李件数与送入客房件数一致，在本团队客房中查找；如送入客房行李件数少于到店件数，有可能行李遗留在仓库或错送其他团队客房。

（3）如实在找不到，应分清责任，如酒店负有责任，酒店应酌情赔偿。

5. 团队客人收到行李后发现行李中的易碎品破损

【特别提示】

客人的行李必须轻拿轻放，运送中要防止磕碰、叠压；凡无事先说明，行李到店后，行李中若有物品破损，酒店概不负责。

（1）应立即通知该团领队或陪同，向其说明行李运送的详细情况，问清行李从上一站至酒店的托运情况。

（2）向客人说明行李可能在托运的过程中受到重压或撞击，导致易碎品破损。

6. 收取团队行李时，客人未将行李放于指定位置

（1）首先核对客人的行李牌号以及客人的姓名、房号，确认后查找客人是否在房内。

（2）如果客人在房内，行李员应礼貌地告诉客人已经到出行李的时间了，必要时帮助客人运送行李。

（3）如果确认客人不在房内，行李员应立即报告领班，由领班与团队陪同取得联系；协助陪同通知客人将行李放在房间门口，必要时还应告诉客人收取行李的具体时间，以免耽误时间。

7. 客人登记入住后，并不立即去房间，而是要求行李员将其行李先送入房间

（1）问清客人的房号并请客人出示房间钥匙和欢迎卡，请客人核对行李件数，确认无误后送入客房。进入客房时，须同楼层服务员一起进入。

（2）做好该房的送运行李记录。

行李寄存卡

Date Stored 寄存日期________	Date of Claim 提取日期________
Name 姓名________	Suitcase 箱子________
Room No. 房号________	Bag 提包________
Luggage 行李件数________	Box 盒子________
Bellman's Signature 行李员签名________	Others 其他________
Gust Signature 客人签名________________	

A. 本店对原已损坏的行李及包裹概不承担任何责任。

B. 存放行李，请在一个月内凭收条取回，若因过时不取招致遗失或损坏则本店概不负责。

C. 如无存放行李收据，不得提取。另酒店当局不负责行李寄存遗失及损坏。

A. The Hotel assumes no Liability or responsibility for any damage to any luggage, Parcels or personal property stored at the Hotel.

B. The Hotel assumes no responsibility for any stored items which have been left for a period exceeding one month（30days）.

C. No stored items will be released without presentation of the issued storage receipt. The hotel will then reserve the right to dispose oftreed article.

贵重物品保管服务的程序和标准

序号	程序	标准要求
1	问候客人，请客人出示住宿凭证	酒店只为住店客人免费提供贵重物品保险箱，因此要求客人出示房卡
2	填写单据	请客人填写贵重物品寄存登记卡，内容要完整，包括房间号、姓名、家庭住址、日期、时间，并签字确认
3	选择合适的保险箱	依据客人需求，选择相应规格的保险箱，并将箱号记录在寄存单箱号栏内

续表

序号	程序	标准要求
4	给客人钥匙，打开保险箱	保险箱配备有两把钥匙，一把酒店保管，另一把交给客人。两把钥匙同时打开保险箱门，取出存放盒，由客人亲自将所寄存的物品和寄存单第一联存入盒内，盖上盒盖 注：提醒客人管好自己的钥匙，如果钥匙遗失，要支付相应的赔偿费用
5	登记保险箱使用情况	填写客用安全保险箱使用登记簿，以备核查。注意每开启一次，应请客人在寄存单相关栏内签名认可

寄存服务的程序和标准

序号	行李寄存服务的步骤	具体服务要求
1	问候客人	客人来要热情礼貌地对待，在客人问候你之前先向客人表示问候。礼貌地询问客人所寄存物品的种类，向客人说明易燃、易爆、易碎、易腐蚀的物品或违禁物品不能寄存
2	确定客人身份	请客人出示房卡，或者通过计算机系统查询是否为住店客人，酒店原则上不接受外来客人的行李寄存。酒店接受以下三类行李的寄存： 住店客人自己寄存，自己领取； 住店客人自己寄存，让其他人领取； 非住店客人寄存，让住店客人领取。 注：外来客人给非住店客人寄存的行李，一般不受理，除非主管以上人员同意，但此类寄存要收取一定的费用
3	填写“行李寄存单”	请客人填写一式两份的行李寄存单，或由客人口述，行李员代为填写，请客人过目后签字。行李寄存单的形式通常是由两份相同的表格组成，下面的一份交给客人，并告知客人下联为取行李的凭证，上面的一份附在所寄存的行李上，如由他人领取时则需要另出示有效证件。同时做好行李暂存记录
4	将行李放人行李房中	如短期存放应置于方便搬运的地方，其他行李分格整齐摆放。同一客人的行李要集中摆放，用绳索系在一起，以免拿错。行李房要上锁，钥匙由行李领班或礼宾部主管亲自保管
5	在行李暂存记录本上登记	凡是进人行李房的行李应登记在暂存记录本上，记录存放日期、时间、房号、行李件数、行李存单号码和经手人等

中英文实例

主动迎宾，了解客人寄存行李的情况。提醒客人贵重物品要寄存到酒店的总台。

Good afternoon，Mr. Li，can l help you?

李先生，下午好！有什么需要帮忙的吗？

Please store individually if your luggage is fragile and need to be stored in cash-ier if you have valuables.

如果您的行李有易碎物品，请另行存放；如果有贵重物品，请您保存到收银台。

收存行李时，要清点件数和检查有无破损，并及时与客人沟通。

Mr. Li, it's two pieces of your bags altogether, is it correct?

李先生，您要寄存的行李就是这两只皮箱吧？

如果行李有破损，应委婉告知。

填写行李寄存卡，将行李寄存卡下联交给客人，作为提取行李的凭证，并道别。

将客人行李按要求存放，填写行李寄存登记表。

行李提取服务的程序和标准

序号	行李领取服务的步骤	具体服务要求
1	确认领取人身份	① 客人本人领取：客人前来领取行李时应热情问候，请客人出示身份证和“行李寄存单”的下联，核对上下联，以及客人的房号、行李件数、大小、颜色、存放的时间等。请客人当场在下联单上签名，检查两者签名是否相符，核实无误后将行李交给客人，最后在“行李暂存记录”上做好记录。 ② 如果是客人寄存，他人领取的情况：需要寄存客人预先写下代领人姓名、单位或住址，代领人凭“行李寄存单”的下联及证件前来领取行李。行李员需在行李暂存记录本做好记录和备注。 如果客人遗失了“行李寄存单”下联：应要求客人报出自己的姓名、原房号、行李件数、寄存时间等。核对行李暂存记录本上的信息，如相符还需要出示有效身份证件，如：身份证、护照、驾驶证等。确定是客人的行李后请客人填写一张领取行李的说明，签名并复印有效证件。 如果是来访客人留存物品让住店客人前来领取：采取留言的方式通知客人，请客人携带有效身份证件，前来领取
2	替客人查找行李	根据客人描述的行李特征、存放时间、存单号码在行李房内查找。若客人遗失了“行李寄存单”，先在行李暂存记录本上查询存单号码再去行李房内查找。 在行李房内找到行李后，核对上下联号码是否一致、期限是否相符、行李件数是否相同，核对无误后将行李单上联取下，将行李送往行李服务柜台
3	领取手续	将行李记录本上的信息填写完整，将“行李寄存单”的上下联订在一起盖上“已取”图章，在背面写上经手人的姓名和工号。 其他人代领要将代领人的有效证件复印件和“行李寄存单”上下联订在一起归档；遗失下联的，将客人收条、上联和有效证件复印件一起归档
4	行李交还给客人	请客人当面点清行李件数，确认无误后礼貌地向客人道别，目送客人离开。如果客人行李较多时，应请行李员帮助客人提拿行李

中英文实例

主动迎宾，请客人出示行李寄存单下联，询问行李简要特征。

Good afternoon, Mr. Li, can I help you? please show your luggage consignation card.

李先生，下午好！有什么可以帮您？请您出示一下行李寄存单的下联。

Would you please give me the description of it?

您能给我描述一下行李特征吗？

若客人没有行李寄存单下联，要求客人出示身份证、房卡，并准确说出行李特征。请客人写行李已领取的证明，与客人身份证复印件一起存档。

进入行李房，凭行李寄存单下联迅速找到客人行李，并核对上下联及行李件数。

将行李交给客人，当面清点行李件数，道别。

Mr. Li，it's two pieces of your bags altogether，please check them，have a good time.

李先生，这是您的两件行李，请您仔细检查一下，祝您愉快！

将行李寄存单上下联订在一起并注明“已取”，在行李寄存登记表上填写行李取走的时间、经手人等。

情景模拟

散客行李寄存

行李员：您好，我能帮您吗？

客　人：我想寄存行李箱。

行李员：好的，请您出示房卡（或已结账的离店通知单），好吗？

客　人：好的，给你。

行李员：谢谢！先生，酒店规定不予寄存贵重物品、易燃、易爆等危险物品，您行李内有这样的物品吗？

客　人：没有的。

行李员：好的，先生，您这个纸箱看起来快要开了，我帮您用胶带固定一下，好吗？

客　人：好的，谢谢！

行李员：不客气，很愿意为您效劳。先生，请问，您的行李何时提取？（边填写行李寄存单）

客　人：8 号。

行李员：好的，您 8 号提取，共存两件行李，对吗？

客　人：是的。

行李员：好的，先生，请您在寄存单上签名。谢谢，这是您的寄存凭证，请您妥善保管好。

客　人：好的。

行李员：祝您开心、愉快。

客　人：再见。

行李员：再见。（客人离开后，将行李物品放置于行李架上或整齐地摆放在行李房的地面上）

【课堂组织】

一、班前会

根据全班人数分成 10 个小组，模拟酒店前厅部员工开班前会：

1. 上课铃响，集合、点到；
2. 检查仪容仪表；

3. 任课教师模拟领班或主管发言：总结前一天工作情况，安排今天的工作任务。(复习上节课知识点，布置实训课内容)

二、教师示范

1. 教师讲解实训课教学内容、教学目的；
2. 教师讲解相关知识；
3. 观看教学录像；
4. 教师简单讲解操作程序及要点；
5. 教师模拟工作示范。

三、学生训练、教师巡查

（一）基本训练

1. 按照两人一组，使用道具和正式表格，模拟工作操作。
2. 学生交换角色，再次进行操作技能训练。

（二）应变训练

1. 将每组学生一分为二，与另一组学生配合，分别模拟，要求模拟客人的学员在预订过程中尽量想出各种合理的特殊要求，请模拟预订员的学员应答。
2. 将两组学生模拟的角色变换后，再进行一次练习。

四、案例实训

取错的行李

10 月 26 日早上，退房客人较少，礼宾员工作也不是很忙。大约 9 点，一位客人来礼宾部寄存行李，当值礼宾员按照规范帮客人办好了行李寄存，并将行李寄放在了行李房。10 点半左右，金科集团一位熟客来到礼宾台说要取行李，另一位行李员（不是经手刚才行李寄存的员工）进入行李房将 9 点钟客人寄存的行李取出并装了车。12 点左右，9 点钟寄存行李的那位客人回来取行李，这时才发现行李已经被取走了。

案例点评：

对于行李寄存与领取，酒店有规范的操作标准，每一位服务员应按照规范进行操作，这样可以尽量避免不必要的差错出现。在该案例中之所以会出现行李取错现象，原因是第二位礼宾员对熟客放松了警惕，降低了要求，没有核对信息，导致差错的出现。

建议在日后的工作过程中，行李员应严格按照操作规范进行，并且做好登记和交接记录，同时每位员工都应知道行李房物品的寄存与取走情况，期间当班负责人要做好监督和检查工作。

1. 学生案例演绎

教师将案例背景简单介绍后，学生根据案例需要，以小组为单位演绎案例。

2. 展示完后进行集体讨论分析，交流各自意见

3. 教师案例分析总结

五、实训总结

（一）由教师讲解操作要点

（二）回答学生提问

（三）教师根据学生实训情况进行总结表扬

【实训考核】

行李寄存服务实训测试表

班级：________________ 姓名：________________ 时间：________________

检查项目和内容	分值	得分
1. 主动迎宾，了解客人寄存行李的情况。提醒客人贵重物品要寄存到酒店的总台	20	
2. 收存行李时，要清点件数和检查有无破损，并及时与客人沟通	25	
3. 填写行李寄存卡，将行李寄存卡下联交给客人，作为提取行李的凭证，并道别	25	
4. 将客人行李按要求存放，填写行李寄存登记表	20	
5. 礼仪	10	
总分	100	

【情景创设 1】

1. 主题：行李寄存。

2. 地点与情景：海湾大酒店行李部。

3. 内容：820 房客人要寄存几件行李，其中有一个大的景德镇瓷花瓶，作为行李员，你将如何处理客人的寄存物品？

4. 操作要求：两名学生共同合作，找出合理的解决办法，并以书面的形式写出解决办法。

行李提取服务实训测试表

班级：________________ 姓名：________________ 时间：________________

检查项目和内容	分值	得分
1. 主动迎宾，请客人出示行李寄存单下联，询问行李简要特征	25	
2. 进入行李房，凭行李寄存单下联迅速找到客人行李，并核对上下联及行李件数	25	
3. 将行李交给客人，当面清点行李件数，道别	20	
4. 将行李寄存单上下联订在一起并注明“已取”，在行李寄存登记表上填写行李取走的时间、经手人等	20	
5. 礼仪	10	
总分	100	

【情景创设 2】

1. 主题：行李领取服务。

2. 地点与情景：海湾大酒店行李部。

3. 内容：718 房客人昨天存了两件行李在行李部，今天取行李时，发现找不到行李领取牌，作为行李员你该如何处理？

4. 操作要求：两名学生共同合作，找出合理的解决办法，并以书面的形式写出解决办法。

实训项目十二　留言服务

【实训目的】

通过实训，学习留言服务工作的内容和程序

【实训时间】

8 学时

【实训准备】

实训场地准备：模拟前厅
实训用品准备：留言单、笔
仪容仪表准备：学生统一着制服，女生盘发

【相关知识】

知识点一　留言的种类

访客留言：来访客人对住店客人的留言，一式三联。问讯员在接受访客留言后，首先应开出被访者客房的留言单，接着将访客留言单的第一联放入邮件架，第二联送前厅部总机，第三联由行李员送往客房，将留言单从房门底下塞入客房。

住客留言：住店客人给来访客人的留言。住客留言单一式三联，问讯组、电话总机各保存一联。

知识点二　口信处理

口信便条应一式三联，第一联放在钥匙架上，待客人回来时马上知道消息。第二联应由行李员从门底派发，要是客人没有接触总台亦能接到口信。第三联是存案记录，会保持一星期时间，以备必要时能够查阅。每晚 10 点将所有钥匙架上客人没有取走的第一联口信便条放入信封，写上房号，记录在记录簿上，然后由行李员派发，于房门下推入客房内。

知识点三　留言单

访客留言单

女士/先生：	房号：
日期：	时间：
来访客人：＿＿＿＿ 有电话找您 请回电话 将再来看您 留言：	来访客人电话：＿＿＿＿ 将再来电话 来访时您不在
客人签名：＿＿＿＿　经手人：＿＿＿＿	日期：＿＿＿＿

住客留言单

给：　　由：	房号：
日期：	时间：
留言事项：□请回电（电话：　　　　） 留言：	
客人签名：＿＿＿＿　经手人：＿＿＿＿	日期：＿＿＿＿

情景模拟

店外客人电话留言

问讯员：您好，问讯处。我能帮您吗？

客　人：你好，我想给506房间的陈伟留言。

问讯员：好的，女士。陈伟是伟大的“伟”吗？

客　人：是的。

问讯员：请问女士，您怎么称呼？

客　人：李平。

问讯员：好的，李女士，请您说出您留言的内容，好吗？

客　人：告诉他原定今天晚上6：00的会面改为7：00。请他在房间等我。

问讯员：好的。李女士，您说的6：00是指18：00，7：00是指19：00对吗？

客　人：是的。

问讯员：您留言的内容是：告诉506房的陈伟先生原定于今晚18：00的会面改为19：00，请他在房间等您，对吗？

客　人：是的。
问讯员：李女士，我们将会按您的要求及时将您的留言转达给陈伟先生。请您放心。
客　人：好的，谢谢。
问讯员：不客气，能为您做事我感到非常荣幸。李女士，希望有机会再次为您效劳。
客　人：再见。
问讯员：再见。

住客查询留言

问讯员：您好，问讯处。我能帮您吗？
客　人：请问，有我的留言吗？我是506房的。
问讯员：您是陈伟先生，对吗？
客　人：是的。
问讯员：陈先生，这儿有李平女士给您的留言。她说原定于今晚18：00的会面推迟到19：00，请您在房间等她。
客　人：好的，知道了，谢谢。
问讯员：不客气。很愿意为您效劳。祝您入住愉快。
客　人：再见。
问讯员：再见。

访客留言

问讯员：您好，问讯处。我能帮您吗？
客　人：你好，我想留言。
问讯员：好的，请问您怎么称呼？
客　人：李平。
问讯员：李女士，您好！您是平安的平吗？
客　人：是的。
问讯员：李女士，请问您是给谁留言呢？他的房号是多少？
客　人：509房的王林。
问讯员：好的，李女士。请您说出您的留言内容，好吗？
客　人：告诉他晚上9：00给我来电话，他知道我的电话号码。
问讯员：好的，李女士。您留言的内容是：告诉509房的王林先生晚上9：00给您回电话，电话号码他知道，对吗？
客　人：是的。
问讯员：李女士，我们将会按您的要求及时将您的留言转达给509房的王林先生，请您放心。
客　人：好的，谢谢。
问讯员：不用谢，希望有机会再次为您效劳。

客　人：再见。

问讯员：再见。

【课堂组织】

一、班前会

根据全班人数分成 10 个小组，模拟酒店前厅部员工开班前会：

1. 上课铃响，集合、点到；
2. 检查仪容仪表；
3. 任课教师模拟领班或主管发言：总结前一天工作情况，安排今天的工作任务。（复习上节课知识点，布置实训课内容）

二、教师示范

1. 教师讲解实训课教学内容、教学目的；
2. 教师讲解相关知识；
3. 观看教学录像；
4. 教师简单讲解操作程序及要点；
5. 教师模拟工作示范。

三、学生训练、教师巡查

（一）基本训练

1. 按照两人一组，使用道具和正式表格，模拟工作操作。
2. 学生交换角色，再次进行操作技能训练。

（二）应变训练

1. 将每组学生一分为二，与另一组学生配合，分别模拟，要求模拟客人的学员在预订过程中尽量想出各种合理的特殊要求，请模拟预订员的学员应答。
2. 将两组学生模拟的角色变换后，再进行一次练习。

四、案例实训

深夜查询的女客

7 月 6 日深夜，一女士来到前台询问 × ×先生住在哪个房间？当值前台员工（新员工）直接将房号（已注明保密房）告诉了该女士。过了一会儿，该房住客气势汹汹地跑到前台投诉。后经了解得知，刚才的女士是该住客的夫人。

案例点评：

在查询住店客人信息时，应严格按照规定的查询服务作业标准执行！如有来电请求总台查询（或直接来前台查询）某位客人房号，总台服务员应询问清楚被查询客人姓名及来自何处（一般以身份证为准），如电脑中有来电客人所要查询的客人姓名，先看该客人的客史备注中是否有房号保密要求。如无要求可把来客的电话转至住店客人房间，但不允许把住店客人的房号或其他有关信息告诉来电客人，查询人是登记人的亲属或朋友也一律不得告知。如直接来前台查询的情况下，先看房间是否是保密房，如不是保密房，前台应用电话与房客确认是否要告知查询人房号及相关信息。如果该房间是保密房，总台服务员应委婉地告知客人无以此姓名登记的房间，请客人用其他的联系方式联系被查询人。与此同时，针对此类房间前台在登记入住时，可以给客人温馨提示是否需要保密服务，把入住工作做得更加细致。

1. 学生案例演绎

教师将案例背景简单介绍后，学生根据案例需要，以小组为单位演绎案例。

2. 展示完后进行集体讨论分析，交流各自意见

3. 教师案例分析总结

五、实训总结

（一）由教师讲解操作要点

（二）回答学生提问

（三）教师根据学生实训情况进行总结表扬

【实训考核】

留言服务实训测试表

班级：________　姓名：________　时间：________

检查项目和内容		分值	得分
主动迎客	微笑迎客	5	
	敬语问候	5	
	询问客人是住客还是访客	5	
	询问客人需要何种服务	5	
填写留言单	请客人在留言单上填写附言	10	
	由客人口述，问讯员记录留言	10	
	问讯员认真检查核对	5	
记录时间	准确记录留言当时的时间	10	
存放留言单	将填好的留言单妥善保管	5	
	交接班时注意交代未转交的留言事宜	10	
	将留言单发送总机以便通知客人	10	
转告客人	及时将留言单转交客人	10	
礼仪		10	
总分		100	

【情景创设】

1. 主题：客人要求转交物品。

2. 地点与情景：海湾大酒店行李部。

3. 内容：某客人要找816房客人，但房间客人不在，来客表示有物品要交给816房的客人，作为礼宾部员工应如何处理?

4. 操作要求：两名学生共同合作，找出合理的解决办法，并以书面的形式写出解决办法。

实训项目十三　问讯服务

【实训目的】

通过实训，掌握应答客人的问讯所需要的知识、技能和步骤

【实训时间】

8 学时

【实训准备】

实训场地准备：模拟前厅

实训用品准备：礼宾台、问讯架

仪容仪表准备：学生统一着制服，女生盘发

【相关知识】

知识点一　问讯服务工作程序

1. 问讯服务标准

（1）客人到柜台问讯。

热情、耐心聆听客人详情，客人在离柜台三米内主动问好。

（a）若问酒店服务设施

耐心介绍推销，不可用食指做指示方向，应手掌指示，若客人想参观酒店客房、餐饮，可转大堂副理台人员带其参观。

（b）店外有关信息（购物场所、旅游景点、娱乐餐饮等）；及时回答客人，不清楚的，请客人稍候，询问其他人。

（2）客人电话问讯：振铃三声，接听。

2. 来访客人

（1）来访者知道住店客人姓名及房号，直接指引客人上楼。

（2）来访者只知住店客人姓名不知房号，通过电脑查询，避开来访者与客人联系，在住店客人允许后，才可告诉来访者客人房号；对于来访者只知房号，不知客人姓名，不可以告诉来访者客人的姓名，可让其用电话与客人联系。

（3）因公务与酒店有关部门联系来访者。问清来访者姓名及单位，避开来访者，征得有关部门秘书同意后，方可告诉其部门位置，或找大堂副理台人员帮助客人。官方人员来访交予大堂副理处理。

3. 留言服务标准

当入住客人外出后有访客前来或来电时，接待员应在“留言条”中留下来访者及来电者的姓名、留言内容及回电号码，并与来电者复述确认。记录在留言记录中。“留言条”须在30分钟内送入客房。

4. 客人保密服务标准

客人入住时要求将其个人信息保密，接待员应复述客人要求保密内容，通知大堂副理、总机房、管家部，不可将电话转入及婉言拒绝其客人，并做交班记录。

5. 客人钥匙丢失处理标准

当客人到前台诉说其钥匙丢失或忘于房间等情况，接待员应热情、主动地向客人问好，并予以安慰，礼貌请客人出示房卡或询问客人姓名、地址及身份证号码等，通过电脑查询属实后，可为其重新做一把钥匙，并告诉客人速回房开门，以使新钥匙取消旧钥匙。否则，不予以做钥匙。

6. 转交物品服务标准

（1）住店客人要求总服务台转接物品时，可在接待处填写“转交物品单”，在单子上写清楚转交人及接收人的姓名、地址、电话，以便总服务台及时通知。

（2）当住店客人外出，来访者转交给住店客人物品时，同上，让来访者客人填写“转交物品单”，并及时让行李员送留言，通知客人返回来时取，做好交班记录。

7. 叫醒服务

接到客人叫醒要求，与客人复述确认后速记到“叫醒表”，并电话通知总机，晚上12：00派行李员将当日接到“叫醒表”送于总机房。

知识点二　问讯的分类

1. 有关客人的问讯
2. 有关酒店内部的问讯
3. 店外情况介绍

知识点三　问讯员的职业要求

1. 回答要准确、迅速，不能用“也许”“可能”等模棱两可的语言。
2. 不管是对待住客还是对待访客都要彬彬有礼，一视同仁。
3. 对于自己把握不准的答案，及时请教上司或同事。
4. 严守酒店商业秘密和客人的隐私。
5. 服务要主动、耐心、细致。

知识点四　问讯处信息资料准备

1. 有关酒店内部的资料：

康乐服务项目、营业时间、收费标准；宴会、会议的举办场所和时间；餐厅、酒吧等场所的位置及营业时间，风格特色。

2. 店外资料：

①市内交通情况；②国际、国内航班飞行情况；③酒店所在城市的旅游点及其交通

情况；④主要娱乐场所、商业区、银行的位置和交通情况；⑤近期大型活动情况。

情景模拟

有关住客查询

问讯员：您好，我能帮您吗？

客　人：请问，王伟是住在你们酒店吗？

问讯员：女士，请您稍等。请问您怎样称呼？是哪个单位的？

客　人：我叫李玟，是王伟的爱人。

问讯员：王太太，您好！非常抱歉，计算机里没有王伟先生的住宿资料。（客人登记信息中要求保密服务）

客　人：不对啊，他应该住在你们酒店啊。

问讯员：是吗？那这样，我再到里面的登记簿上看看是否能查到王先生入住的资料，好吗？

客　人：好的，谢谢。

问讯员：不客气，能为您服务我感到非常荣幸。请您稍等！（到里面致电王伟房间）

问讯员：王先生，您的太太在前台要找您，可以告诉她您的房号吗？

客　人：就说我没有住店。

问讯员：好的，我们一定会按照您的要求去做。祝您入住愉快，再见。
（出来后回复李女士）王太太，让您久等了，很遗憾，登记簿上也没有记录王伟先生入住的信息。

客　人：是吗？那好吧，谢谢。

问讯员：好的，再见。

客　人：再见。

【课堂组织】

一、班前会

根据全班人数分成10个小组，模拟酒店前厅部员工开班前会：

1. 上课铃响，集合、点到；

2. 检查仪容仪表；

3. 任课教师模拟领班或主管发言：总结前一天工作情况，安排今天的工作任务。（复习上节课知识点，布置实训课内容）

二、教师示范

1. 教师讲解实训课教学内容、教学目的；

2. 教师讲解相关知识；

3. 观看教学录像；

4. 教师简单讲解操作程序及要点；

5. 教师模拟工作示范。

三、学生训练、教师巡查

（一）基本训练

1. 按照两人一组，使用道具和正式表格，模拟工作操作。

2. 学生交换角色，再次进行操作技能训练。

（二）应变训练

1. 将每组学生一分为二，与另一组学生配合，分别模拟，要求模拟客人的学员在预订过程中尽量想出各种合理的特殊要求，请模拟预订员的学员应答。

2. 将两组学生模拟的角色变换后，再进行一次练习。

四、案例实训

客人要游览长城

一个星期天，北京某宾馆服务台问讯处，一位英国来华的乔治先生，在问讯台前踌躇，似有为难之事，问讯员小胡见状，便主动询问是否需要帮助。乔治先生说："我想去游览长城八达岭，乘旅行社的专车去他们配有讲英语的导游，对我游览有很大的帮助。"小胡问："乔治先生，你昨天预订旅行车票了吗？"乔治答："没有，因为昨天不想去，今天我又冒出想去的念头。"小胡知道，宾馆规定，去长城游览的客人必须提前一天登记，这样旅行社的车第二天才会到宾馆来接客人，而昨天没有一个客人登记，这样旅行社的车肯定不会来了。小胡想了想对乔治先生说："请您稍等，我打电话与旅行社联系，若还没发车，请旅行社开车到宾馆来接您。"小胡马上打电话给旅行社，旅行社告之：去八达岭的车刚开走，请直接与导游联系，并告诉他导游手机号，于是，小胡又马上与导游联系，导游同意并说马上将车开到宾馆接乔治先生。小胡放下电话，对乔治先生说："乔治先生，再过10分钟，旅行车就来接你，请您稍等。"乔治先生很是感动地连声说："谢谢！"

案例点评：

1. 问讯员小胡对乔治先生的接待是积极主动的，热情礼貌的，如见到前台问讯处踌躇的乔治先生，主动询问："乔治先生，您有什么事需要我帮助吗？"当得知情况后，对乔治先生说："请您稍等，我马上给您联系。"体现了小胡真正视客人为上帝。

2. 小胡既遵守宾馆的规定，又在不违反原则的情况下，为乔治先生提供超常规服务，表现了小胡善于动脑，思维敏捷，办事效率高，使乔治先生能很快实现自己游八达岭长城的愿望。

前厅部的工作决定了酒店在客人心目中的第一印象和最后印象，这些印象（工作人员的工作态度、责任感、言谈举止、礼貌礼节等），决定着客人对酒店的总体评价，这些评价又影响着客人对酒店的选择，对客人询问问题的回答、帮助，更会给客人留下非常独特的印象和感受。由此前厅部工作质量的好坏、效率的高低，对酒店整体形象、业务的开展、订房率的高低的影响是非常大的。

本案例中的问讯员小胡深知这一点，因此他在工作中细心观察，主动及时给予乔治先生帮助，给客人留下美好的印象。

这是您需要的英文报纸

某日中午，我正在礼宾台查询资料，不经意间我看见大堂休息区有一位外国客人正在翻阅报纸，可过了许久，他似乎还没确定该看哪一份。

我走过去询问客人是否需要帮助，外宾告诉我，他想看英文报纸，但是找不到。由于大堂的英文报纸已经没有了，于是我马上从大堂吧拿了一份英文报纸过来，递给客人，并给客人冲了一杯咖啡。第二天，这位客人又来到大堂，这一次我主动送上了英文报纸，并在礼宾台查询了客人的信息，知道这是一位长住客。在开交班会的时候，我通知了每位员工，在这位客人入住期间每天送一份英文报纸到房间，以后两三天都没见到客人再下来看过报纸。一天早上，这位客人到礼宾台找到了我，并对我表示了感谢说："谢谢你为我提供了方便，有了你的这份报纸，我就可以了解到中国更多的东西，而且再也不用每天都跑到大堂来找报纸看了。"

案例点评：

酒店为宾客实际提供的服务，与宾客的期望值相比较，分差错服务、等值服务和超值服务三种。只有酒店实际提供的服务，超越宾客的期望，客人才会满意，客人才有惊喜。在这个案例中，礼宾发现外国宾客在找报纸，但好像找不到，于是主动询问宾客，并从大堂吧拿来英文报纸，这一举动至少是能够让客人满意的。后面，礼宾领班再安排礼宾员为客人送英文报纸到房间，这肯定能给客人制造惊喜。酒店之所以能为宾客提供满意加惊喜的服务，其实关键还是在服务员有一双慧眼，善于发现宾客的需求，并努力满足。

访客查询住客房间号

一天，有两位外宾来酒店前台问讯处，要求协助查找一位叫杰克逊的美国客人是否在此下榻，并想尽快见到他。前台接待员立即进行查询，果然有位叫杰克逊的先生。接待员于是接通客人的房间电话，但长时间没有应答。接待员便和蔼地告诉来访的客人，确有这位先生住宿本酒店，但此刻不在房间，也没有他的留言，请来访者在大堂休息等候或另行约定。这两位来访者对接待员的答复不太满意，并一再说明他们与杰克逊先生是相识多年的朋友，要求总台接待员说出他的房间号码。前台接待员和颜悦色地向他们解释："为了住店客人安全，本店立有规定，在未征得住店客人同意时，不便将房号告诉他人。两位先生远道而来，正巧杰克逊先生不在房间，建议你们可以在前台给杰克逊先生留个便条，或随时与酒店总台联系，我们乐意随时为你服务。"来访客人听了接待员这一席话，便写了一封信留下来。

晚上，杰克逊先生回到酒店，前厅接待员将来访者留下的信交给他，并说明为安全起见和不打扰您休息的缘由，前台没有将房号告诉来访者，敬请先生原谅。杰克逊先生当即表示予以理解，并表示这条规定有助于维护住店客人的利益，值得赞赏。

案例点评：

"为住店客人保密"是酒店的原则，关键在于要处理得当，这位接待员始终礼貌待客，耐心向来访者解释，并及时提出合理建议。由于解释中肯，态度和蔼，使来访者提不出异议，反倒对这家酒店严格的管理留下深刻的印象。从这个意义上讲，维护住客的切身利益，以安全为重，使客人放心，这正是酒店的一种无形的特殊服务。

酒店总经理在吗？

一位先生来到前台问讯处，说要找酒店陈总经理，问讯员小董礼貌地问道："您好，先生，请问您是哪个单位的？怎么称呼您？"客人报上了自己的单位与姓名。小董又说："先生请稍等，我为您联系一下。"于是小董拨通了行政办公室的电话，可没有人接听，小董只好直接拨通陈总办公室电话，正是陈总接听，由于当着客人的面，小董灵活地对陈总说："您好，我是酒店接待员，请问陈总在吗？有位××单位的××先生找他。"陈总一听，就明白了接待员的用意，于是从容地决定是否接见这位客人。

案例点评：

作为问讯员，此事处理规范，表现灵活。作为酒店的总经理日理万机，不可能随时接待所有来访客人，一般客人先由行政办公室或涉及相关职能部门来接待，还有些客人由于某些原因，总经理不便接待，所以本案例中问讯员灵活的处理让访客和总经理都能较好接受，不致尴尬。

1. 学生案例演绎

教师将案例背景简单介绍后，学生根据案例需要，以小组为单位演绎案例。

2. 展示完后进行集体讨论分析，交流各自意见

3. 教师案例分析总结

五、实训总结

（一）由教师讲解操作要点

（二）回答学生提问

（三）教师根据学生实训情况进行总结表扬

【实训考核】

由学生回答任意十个客人常见问题的答案寻找途径。

【情景创设】

1. 主题：委托代办珠海一日游服务。

2. 地点与情景：海湾大酒店前厅。

3. 内容：几名住店客人想在珠海一日游，请帮助客人安排一个珠海一日游的旅游线路。

4. 操作要求：两名学生共同合作，设计出珠海一日游的线路，并以书面的形式写出线路说明。

实训项目十四　邮件服务

【实训目的】

通过实训，掌握提供邮件服务所需要的相关知识、技能和步骤

【实训时间】

4 学时

【实训准备】

实训场地准备：模拟前厅

实训用品准备：模拟邮件、信件

仪容仪表准备：学生统一着制服，女生盘发

【相关知识】

知识点一　邮件服务程序

1. 告知服务

（1）向客人介绍商务中心提供的邮件服务有平信、包裹、EMS；

（2）告知客人，根据邮局规定，商务中心不受理易碎、易燃、易爆、有腐蚀性以及贵重物品的邮寄。

2. 填写邮单

（1）请客人在“专递邮件详情单”或“包裹详情单”上用正楷填清地址、国家、城市、代码和目的地，并要填写详尽，同时请客人在标有发件人姓名处签字；

（2）帮客人填上原寄局（长沙县）及交寄日期、时间，并签上经办人姓名。

3. 检查邮件

检查邮件是否为违寄物品（易燃、易爆或有毒物品等）。

4. 称重计价

（1）称好邮件重量以确定邮费；

（2）邮资费用填在“专递邮件详情单”或“包裹详情单”相应位置；

（3）“专递邮件详情单”第三联（寄件人存根联）扯出交给客人。

5. 交接邮件

（1）将邮件服务内容在“邮件服务交接本”上逐项填写；

（2）当邮局工作人员来酒店收取邮件时，请其确认内容，并在“邮件服务交接本”上签字；

（3）请其在“包裹详情单”的相应位置签字，并将第一联留下转交给寄件人。

知识点二　处理邮件的基本原则

1. 不可拆阅或扔掉任何信件及包裹。
2. 熟悉各部门主管的名字，不要与客人信件混淆。
3. 如收信时发觉信件已被破坏，应用铅笔在信面注明，以使其他同事知晓。

知识点三　客人已迁出时的邮件处理方法

1. 若得知客人是当天迁出，应马上询问行李部，查看客人是否仍有行李暂放或仍未离开酒店，将信件交送客人。

2. 若客人已经离去，可查看客人是否在离开前留下转邮地址，以便可以将信件转寄给客人。

3. 如信件在暂存邮件盒内放置 14 天后仍未转交客人，则应寄回原寄信者。

知识点四　处理寄回原寄信者或转邮地址的信件方法

1. 信件不用再贴任何邮票。
2. 在信件收信人的地址上用圆珠笔画一斜线。
3. 用酒店专用章，在信的空位上盖章。
4. 如果信件是寄回原寄信者，可在图章的空位上写“寄回原寄信者”或“please return to sender”。
5. 如果信件是寄去转邮地址（forwarding address），可用同样的图章在信的空白处盖章，然后把地址填写清楚。

不同类型邮件的处理程序

邮件类型	邮件的处理程序
寄给住店客人的邮件	对于寄给住店客人的邮件，先在信件记录本上做好记录，之后立即在电脑上核对是否与住店客人姓名和房间号吻合；查找到客人信息后，给客人发一张“邮件通知单”通知客人携带有效身份证来问讯处领取邮件。如果客人要求送入房内则请行李员送入房内，客人来取邮件时要查看有关证件，并请客人在邮件通知单上签字，表示客人已收到邮件，留下通知单作为记录凭证
寄给酒店的邮件	寄给酒店的邮件则请礼宾部将信件送至有关部门
挂号信、包裹单、汇款单、EMS 邮件	应立即通知客人来取，或请行李员直接送到客人房间请客人签收，要在信件记录本上签名表示已收到邮件。如客人不在房内则发“邮件通知单”，并在信件记录本上做好记录；也可通过电话总机，在客人房内电话机上亮起红灯，表明有留言，客人一回来，即来取邮件
已离店的客人邮件	在邮件上注明客人离店日期。如果客人离店时有留下地址委托酒店转寄，酒店按要求给予办理；如客人未作任何交代，又属普通信件，酒店应在邮件上注明保留一周时间，过期退回至寄件人的地址。客人的急件、传真等通常应及时退回

续表

邮件类型	邮件的处理程序
已预订房间但尚未抵店的客人邮件	要在邮件上注明抵店日期，然后将邮件放在指定的格子内，在客人信息上注明客人的邮件。在客人抵店前，将邮件取出，在客人办理入住登记时转交
无法查找到的客人邮件	若是急件，则在信件上盖“查无此人”印章，立即退回；若是普通信件，可保留不超过一个星期；若还是无人领取，则退回给寄件人，做好邮件退回记录
注意：帮客人代寄或转交物品和邮件时，原则上不包括贵重物品和现金	

出店邮件处理步骤

序号	出店邮件处理步骤	具体要求
1	接受客人准备寄出的邮件	问讯员要仔细检查邮件的种类，对于酒店难以办理的邮件应礼貌退给客人并请客人自己办理。如果是挂号信、包裹、问讯员可请礼宾部代为办理
2	检查邮件	检查邮件是否超重、有没有贴邮票、字迹是否清楚、邮编等信息是否填写完整，如客人有遗漏则请客人当面补好。检查是否是违禁物品，向客人解释酒店不得帮助客人寄送违禁物品
3	询问客人需要的寄件方式	须在邮件上注明
4	将所有邮件进行分类	在指定时间送往邮局或者每日邮递员来收取信件时交给邮递员，并在工作记录本上做好记录
5	邮局收据	将开出的收据交给客人，请客人签收
6	清点	每天工作结束后清点邮件数量和所收款项数目是否正确

【课堂组织】

一、班前会

根据全班人数分成 10 个小组，模拟酒店前厅部员工开班前会：

1. 上课铃响，集合、点到；
2. 检查仪容仪表；
3. 任课教师模拟领班或主管发言：总结前一天工作情况，安排今天的工作任务。（复习上节课知识点，布置实训课内容）

二、教师示范

1. 教师讲解实训课教学内容、教学目的；
2. 教师讲解相关知识；
3. 观看教学录像；
4. 教师简单讲解操作程序及要点；
5. 教师模拟工作示范。

三、学生训练、教师巡查

（一）基本训练

1. 按照两人一组，使用道具和正式表格，模拟工作操作。

2. 学生交换角色，再次进行操作技能训练。

（二）应变训练

1. 将每组学生一分为二，与另一组学生配合，分别模拟，要求模拟客人的学员在预订过程中尽量想出各种合理的特殊要求，请模拟预订员的学员应答。

2. 将两组学生模拟的角色变换后，再进行一次练习。

四、案例实训

邮寄月饼，传递真情

9 月 9 日，我们接到来自上海客人李先生的一个电话，他说，他的朋友送了他三张我们酒店 268 元/盒的月饼券，可是他在外地出差，中秋节之前可能来不了上虞了。问我们是否能帮他把月饼寄到上海。他又表示：寄一盒月饼到上海可能要 100 多元，我把三张券给你们，你们只用给我寄一盒就够了，那两张券就当作邮费好了。听完客人的表述，我们对客人说："这样的话，对您来说不划算。要不我们帮您问下寄到上海需要多少钱，再给您回复，好吗?"客人表示可以。随即我问了顺丰快递，顺丰快递说："一盒需要 20 元左右。"这远远低于客人的预算。随后我们回复客人说三盒月饼的邮费只需要 60 多块钱，我们可以无偿地把三盒月饼寄给他，客人表示他只需要一盒，另外两盒就当作补偿我们的邮费。我们向客人道谢并向他解释两盒月饼的钱远远高于邮费，我们是不可以收取的。李先生表示他明白的，可是他不可能让我们承担这笔费用的，如果寄钱给我们又稍显俗气，现在正值中秋佳节，送我们月饼一是补偿了这笔邮费，二是借着月饼祝我们中秋快乐，让我们务必收下。经过多番推托和解释，最终盛情难却，我们表示我们可以收下，但是我们只收一盒，另外两盒会原封不动地寄给客人。客人表示同意，我们再三地向客人致谢并祝福他中秋快乐。

9 月 11 日我收到了客人寄过来的月饼券（里面夹带一张小纸条，注明陈 × × 收，之前客人已将邮寄地址发到了我们的手机上），之后让礼宾将月饼寄给了客人。9 月 13 日早上我主动联系了客人，并告知他月饼 9 月 11 日已寄出，问其是否收到。客人表示当时还没有收到。半小时后客人主动打来电话说月饼已经收到了，并表示对我们的服务非常满意，也非常感谢我们。以后有机会会来 × × 大酒店，因为他相信这里会带给他更好的服务！

案例点评：

总机服务岗位虽然不是与客人面对面服务的岗位，但很可能是第一个接触客人，为客人服务的岗位，能够给客人留下判断酒店服务质量好坏的一个重要依据。在该服务中，服务员通过为客人邮寄月饼，为客人留下了良好的第一印象，也为客人下次光临我们酒店创造了条件。

一封不应“死”的平信

某日，厦门某酒店总服务台收到一封从邻近某工厂寄来的平信，信封上写明“请速转台湾住店客人张××先生收”。在信封左下角用括号加注了一行字：“台湾张先生近日内将由香港中转到大陆入住贵店。”

前台值班服务员一见是封平信，思想上未予重视，随手把信放在柜台后的信架上，下班交接时又忘记了交代此事，时间一长，这封信便成了“死”信。

正是无巧不成书。台湾张先生专程来大陆与某厂洽谈合资办厂问题，事先电传告知该厂他到厦门的日期、所住的酒店及他到达该厂的时间。厂方接到传真后，考虑到本厂谈判代表恰巧要到厦门就地谈判。于是便发传真到台湾，谁知张先生已离台去香港了，未收到传真。厂方为确保万无一失，在张先生尚未到厦门前又寄出了上述那封信，希望厦门的酒店会负责及时交给张先生。

可是台湾来的张先生在厦门仅逗留了一个晚上，在入住登记和离店时当然不会注意信架上有自己的信，而且更不可能主动向酒店总台询问有无他的信件。就在张先生乘火车离开厦门的途中，厂方的代表却坐在驶向厦门的车上。最后这位代表只能在厦门打电话到工厂向张先生道歉，并请他折回厦门进行谈判。

案例点评：

本案例中的张先生白白地浪费了许多时间和精力，那家酒店应该负主要责任。为客人递送信件是酒店的基本服务项目之一。酒店应做好邮件的登记和客人签收手续，前台服务员更应做好交班工作。

本案例属酒店服务员工作失误。

1. 学生案例演绎

教师将案例背景简单介绍后，学生根据案例需要，以小组为单位演绎案例。

2. 展示完后进行集体讨论分析，交流各自意见

3. 教师案例分析总结

五、实训总结

（一）由教师讲解操作要点

（二）回答学生提问

（三）教师根据学生实训情况进行总结表扬

【实训考核】

各种不同邮件的处理方法有何不同？

【情景创设】

1. 人员：前厅服务员和客人。

2. 地点与情景：海湾大酒店前台。

3. 实训内容：客人快递遗失。

4. 操作要求：两名学生共同合作，找出合理的解决办法，并以书面的形式写出解决办法。

实训项目十五　转接电话业务服务

【实训目的】

通过实训，学习转接电话服务工作的内容和程序

【实训时间】

8 学时

【实训准备】

实训场地准备：模拟前厅
实训用品准备：模拟电话、文件夹、工作记录簿
仪容仪表准备：学生统一着制服，女生盘发

【相关知识】

知识点一　酒店总机房的业务范围

总机业务范围：电话转接及留言服务、电话叫醒服务、回答问讯，查询电话服务、火警电话的处理、“免电话打扰”服务。

知识点二　酒店话务员必须具备以下素质

（1）口齿清晰，语音甜美。
（2）听写迅速，反应敏捷。
（3）工作认真，记忆力强。
（4）有较强的外语听说能力，能用外语为客人提供话务服务。
（5）熟悉电脑操作及打字。
（6）掌握旅游景点及娱乐等方面的知识和信息。
（7）有很强的信息沟通能力。

情景模拟

案例一

总机：您好，××酒店。
客人：麻烦帮我转一下 228 号房间的文小姐。
总机：好的，请稍等。（电话占线）对不起，228 号房间占线，请问您是稍后再拨还是留言？

客人：那我稍后再拨吧，再见。

案例二

总机：您好，××酒店。
客人：麻烦帮我转一下客房部的文经理。
总机：请问先生哪个单位的？怎么称呼？
客人：我是厦门A公司的刘先生。
总机：好的，请稍等。（电话转接到客房部文经理）
总机：您好！总机。请问是文经理吗？
　　厦门A公司有位刘先生找你。请问要不要接听电话？
文经理：好吧！请接过来，（转接电话）

案例三

总机：您好，××酒店。
客人：麻烦帮我转一下销售部的文经理。
总机：请问先生哪个单位的？怎么称呼？
客人：我是厦门A公司的刘先生。
总机：好的，请稍等。（转接到销售部后，电话无人接听……铃响五次后接回）
总机：您好！刘先生，文经理电话暂时无人接听，请问您是稍后再拨还是留言？
客人：我有重要事情找她，我们公司马上要来一批重要客人，我需要她安排一些接待事宜，有没有办法找到她？
总机：您稍等，我试试！（接通文经理的对讲机或手机）
　　您好！总机。文经理，有位厦门A公司的刘先生有业务找您，请问现在转接过来吗？
文经理：好吧！请接过来。（电话接回）
总机：刘先生，您好，文经理找到了，我马上给你转接过去。
客人：太好了，谢谢你。（转接电话）

【课堂组织】

一、班前会

根据全班人数分成10个小组，模拟酒店前厅部员工开班前会：
1. 上课铃响，集合、点到；
2. 检查仪容仪表；
3. 任课教师模拟领班或主管发言：总结前一天工作情况，安排今天的工作任务。（复习上节课知识点，布置实训课内容）

二、教师示范

1. 教师讲解实训课教学内容、教学目的；
2. 教师讲解相关知识；

3. 观看教学录像；
4. 教师简单讲解操作程序及要点；
5. 教师模拟工作示范。

三、学生训练、教师巡查

（一）基本训练

1. 按照两人一组，使用道具和正式表格，模拟工作操作。
2. 学生交换角色，再次进行操作技能训练。

（二）应变训练

1. 将每组学生一分为二，与另一组学生配合，分别模拟，要求模拟客人的学员在预订过程中尽量想出各种合理的特殊要求，请模拟预订员的学员应答。
2. 将两组学生模拟的角色变换后，再进行一次练习。

四、实训总结

（一）由教师讲解操作要点

（二）回答学生提问

（三）教师根据学生实训情况进行总结表扬

【实训考核】

转接电话服务实训测试表

班级：________________　姓名：________________　时间：________________

检查项目和内容	分值	得分
1. 铃响三声以内，规范接听	10	
2. 微笑，问候，用中英文自报家门	15	
3. 转接电话	15	
4. 若无人接听，请客人留言	25	
5. 复述留言内容	25	
6. 礼仪	10	
总分	100	

【情景创设】

1. 主题：客人电话到总机。
2. 地点与情景：海湾大酒店总机。
3. 内容：某客人要找 816 房客人，但房间客人正在打电话，作为总机服务员应如何处理？
4. 操作要求：两名学生共同合作，找出合理的解决办法，并以书面的形式写出解决办法。

实训项目十六　叫醒服务

【实训目的】

通过实训，掌握叫醒服务的程序及相关知识

【实训时间】

4 学时

【实训准备】

实训场地准备：模拟前厅

实训用品准备：模拟电话、文件夹、工作记录簿

仪容仪表准备：学生统一着制服，女生盘发

【相关知识】

知识点一　叫醒服务的分类

（1）人工叫醒服务：由话务员提供服务。

（2）自动叫醒服务：由电脑自动控制，提供叫醒服务。

知识点二　叫醒服务失误的原因

（一）酒店方面

（1）话务员漏叫；

（2）接线员记录错误；

（3）电脑出现故障。

（二）客人方面

（1）报错房号；

（2）听筒没有放好；

（3）电话铃声没有听到。

叫醒服务程序与标准

步骤	标准
1. 接受叫醒	受理预订：问清客人具体的叫醒时间和房号
2. 制作定时	记录单填写完整、字迹清晰，内容包括房号、时间、话务员签名

续表

步骤	标准
3. 电话叫醒	在定时钟上准确定时，并检查定时钟是否正常工作
4. 核对落实	1. 电话叫醒客人，核对叫醒记录避免出错，注意礼貌用语； 2. 电话接通后客人答应确认叫醒服务完成； 3. 若房内无人应答，5min 后再叫一次； 4. 若再次叫醒时仍无人回答，立即通知大堂副理或楼层服务员前往客房叫醒； 5. 保留叫醒服务的通话语音，以免因客人的原因造成纠纷

中英文实例

铃响三声之内接听电话。

Good morning，Operator，may I help you?

早上好，总机。需要帮忙吗?

聆听客人要求并记录：叫醒日期、房号、时间、话务员工号及收到申请的时间等，复述确认后，输入电脑。

Miss Liu，your wake-up time is 5：50a. m. tomorrow morning，your room number is 1101，is that right?

刘女士，您要求我们在明天早晨5：50 给 1101 号房提供叫醒服务，您看对吗?

服务完毕后，等客人挂断后再挂电话。

夜班的话务员把叫醒记录按时间顺序整理记录在交接班本上，注明相关信息并签字。

话务员必须在客人要求的时间准时叫醒客人，向客人亲切问好，并提醒其叫醒时间已到。

Good morning，Miss Liu，It is 5：50a. m.，it is time to get up，have a good time.

早上好，刘小姐，已经早上 5：50 了，该起床了，祝你愉快。

话务员可在叫醒客人的时候，顺便把当天的天气、气温情况告诉客人。

【课堂组织】

一、班前会

根据全班人数分成 10 个小组，模拟酒店前厅部员工开班前会：

1. 上课铃响，集合、点到；

2. 检查仪容仪表；

3. 任课教师模拟领班或主管发言：总结前一天工作情况，安排今天的工作任务。(复习上节课知识点，布置实训课内容)

二、教师示范

1. 教师讲解实训课教学内容、教学目的；

2. 教师讲解相关知识；
3. 观看教学录像；
4. 教师简单讲解操作程序及要点；
5. 教师模拟工作示范。

三、学生训练、教师巡查

（一）基本训练

1. 按照两人一组，使用道具和正式表格，模拟工作操作。
2. 学生交换角色，再次进行操作技能训练。

（二）应变训练

1. 将每组学生一分为二，与另一组学生配合，分别模拟，要求模拟客人的学员在预订过程中尽量想出各种合理的特殊要求，请模拟预订员的学员应答。
2. 将两组学生模拟的角色变换后，再进行一次练习。

四、案例实训

6 点钟的叫醒服务

在 11 月 21 日 21 点左右，总机话务员接到 8910 房间客人打来的电话，表示第二天需要赶飞机，7 点能否安排车辆送他去机场。总机话务员说我们可以让礼宾给您安排一下，准时把您送去机场，并且主动询问客人是否需要提供叫醒服务，客人听后表示需要。于是定了一个早上 6：00 的叫醒。之后总机话务员细心地告知客人早餐6：30 开餐，他可以享用完我们酒店的早餐再赶往机场。客人表示很满意，并且表扬了该话务员。

案例点评：

酒店服务的标准化强调整体的形象和效率，个性化提倡主观能动性。在本案例中，总机话务员在服务过程中时时处处站在客人的角度，想客人之所想，急客人之所急，自觉淡化自我而强化服务意识。标准化服务注重掌声四起，个性化服务追求锦上添花。因此在酒店行业中，要强化服务意识，提供个性化服务。

叫醒服务的风波

一天早晨 9 点，上海某酒店大堂黄副理接到住在 806 房间的客人的投诉电话：“你们酒店怎么搞的，我要求叫醒服务，可到了时间，你们却不叫醒我，误了我乘飞机。”不等黄副理回答，对方就啪一声挂了电话，听得出，客人非常气愤。黄副理意识到这投诉电话隐含着某种较为严重的势态，于是查询当日 806 房的叫醒记录，记录上确有早晨 6 点半叫醒服务要求，根据叫醒仪器记录和总机接线员回忆，6 点半时确为 806 房客人提供过叫醒服务，当时客人曾应答过，黄副理了解清楚情况断定，责任不在酒店，但黄副理仍主动与 806 房客人联系。“孔先生，您好！我是大堂副理，首先对您误了乘飞机而造成的麻烦表示理解。”黄副理接着把了解的情况向客人作了解释。但客人仍怒气冲冲地说："你们酒店总是有责任的，为什么不反复叫上几次呢？你们应当赔偿我的损失！客人的口气很强硬。""孔先生，请先息怒，现在我们暂时不追究是谁的责任，当务之急是想办法把您送到要去的地方，请告诉我，您去哪儿，最迟必须什么时候到达。"黄副理的真诚，使客人冷静下来，告诉他明天早晨要参加西安的一个商贸洽谈会，所以今天一定要赶到西安。黄副理得知情况后，马上请酒店代售机票处更改下午去西安的机票，而代售处下午西安的机票已售完。黄副理又打电话托他在机场工作的朋友，请其务必想办法更改一张下午去西安的机票，后来又派专车去机场更改机票。孔先生接到更改的机票后，才坦诚自己今晨确实是接过叫醒电话，但应答后又睡着了，责任在自己，对黄副理表示歉意。

案例点评：

叫醒服务是酒店为方便客人乘飞机、火车或小睡后赴约洽谈，应客人要求而提供的一项服务，要求客人填写叫醒记录单，话务员在受理此项服务时，应相当的认真负责，慎重准时。本案例的责任显然不在酒店，而客人又将责任推给酒店，大堂黄副理在接受投诉时并未与客人争论是非，而是站在客人立场上，设法帮助客人解决首要问题。酒店有一个原则：客人永远是对的。本案例中黄副理严格遵循这一原则，有理也要让客人，同时也表现了黄副理的服务意识强，如：①当务之急是想办法把客人送到目的地。②打电话帮助更改机票。

第一，当客人无理要求赔偿时，黄副理没有与客人论理是否该赔偿（这个要求是不合理的），只是很真诚地请客人告诉他所要去的地方。以解决最需要解决的问题。体现黄副理处理投诉时的冷静、理智及大度大气。

第二，黄副理处理投诉的效率高，如接到投诉电话后，马上调查了解，得知真实情况后，又主动与客人联系，处理问题果断、利索、灵活，整个过程思路清晰，环环相扣，最后问题得到解决，客人也很满意，也被黄副理的真诚而打动，因而主动承认了自己的过错。

案例小结：

本案例在处理客人的投诉中，面对脾气大，将责任转嫁给酒店的孔先生，黄副理不予争辩，并采取相应的补救措施来挽回客人的损失，在维护酒店利益的同时又没有损害客人的利益，体现了黄副理处理投诉的冷静、理智与技巧，具有很强的职业道德。

1. 学生案例演绎

教师将案例背景简单介绍后，学生根据案例需要，以小组为单位演绎案例。

2. 展示完后进行集体讨论分析，交流各自意见

3. 教师案例分析总结

五、实训总结

（一）由教师讲解操作要点

（二）回答学生提问

（三）教师根据学生实训情况进行总结表扬

【实训考核】

叫醒服务实训测试表

班级：________________ 姓名：________________ 时间：________________

检查项目和内容	分值	得分
1. 接电话，问候客人，自报家门	10	
2. 记录客人叫醒相关信息	20	
3. 复述内容	20	
4. 在交接班记录簿上登记	20	
5. 拨打客人电话，提供叫醒服务	20	
6. 礼仪	10	
总分	100	

【情景创设】

1. 主题：客人叫醒服务。

2. 地点与情景：海湾大酒店总机。

3. 内容：618 房客人要求第二天早上 7：20 morning call，同时有一旅游团做了一个 6：20 的 morning call 服务，第二天旅游团领队发现有一个房间的客人没起床，经查是 618 房客人，原来该房间客人将 6：20 记成 7：20，担心没做到叫早服务，自己专门打电话再次要求 7：20 叫早，却因此耽搁了时间。

4. 操作要求：两名学生共同合作，找出合理的解决办法，并以书面的形式写出解决办法，并说明。

实训项目十七　客人投诉处理程序

【实训目的】

通过实训，掌握客人投诉处理的相关知识和程序

【实训时间】

12 学时

【实训准备】

实训场地准备：模拟前厅
实训用品准备：文件夹、工作记录簿等
仪容仪表准备：学生统一着制服，女生盘发

【相关知识】

知识点一　投诉定义

投诉：指客人因对酒店服务质量的不满而提出的批评意见。

知识点二　投诉的原因

1. 硬件方面的因素
例如：家具破损，空调失灵。
2. 软件方面的因素
① 酒店管理不善
② 客房服务员的素质低和服务质量差
3. 客人方面原因
例如：客人恶意投诉或者有意或无意带走客房用品或者个性很挑剔

知识点三　处理投诉的程序

积极面对、耐心倾听；
诚恳道歉、理解认同；
记录要点、调查缘由；
迅速解决、追踪反馈。

投诉处理操作技能	
考核内容	考核要点
接受客人的投诉	向客人表示歉意
	集中注意力听完客人的投诉内容，仔细了解投诉的要点
	通过提问的方式来弄清问题
	态度冷静
	不与客人争辩
	不反驳客人的意见
	如果客人的情绪激动，要设法把客人请到适合的地点进行交谈
	对客人的感受表示理解
	对客人的处境表示同情
	用恰当的语言给予安慰
	使用姓名称呼客人，并适当用“遗憾”“理解”“抱歉”之类的语言，表示对客人投诉的关心
	把注意力集中在客人提出的问题上，不随便引申，不推卸责任，不责怪他人
做好记录	记录客人投诉的内容、客人姓名、联系方式等
	确保书写并不时地和客人讲述
	用目光与客人交流
采取行动	提出几个解决问题的方案或设想，提供客人从中选择双方最容易接受的解决方案和补救措施，以表示对客人的尊重
	应充分估计解决问题所需要的时间，并将处理的时间告诉客人，以征求其意见
解决问题	将客人的投诉意见及时通知有关部门，协同解决问题
	对超越权限或解决不了的问题，要及时与上级联系，取得指令
	代表酒店总经理采取适当的补救措施，使客人感受到酒店的诚意：送鲜花、水果、致歉信等
检查落实	将解决问题的进展情况随时通知客人，以免客人挂怀
	检查核实客人的投诉是否已得到圆满的解决
	把投诉中发现的问题反映到相关部门，以便酒店采取改进措施
记录存档	将记录的处理过程整理成报告并存档
	记入客人的客史档案

情景模拟

碰疼了头、勾破了丝袜怎么办

客人：你们这是什么破酒店，还没出门就碰了头，勾破了丝袜，你得给个说法。

大堂副理：张女士，请您千万别生气，对我们工作中的失误我感到非常抱歉。我先领您到医务室看看好吗？

客人：这有什么好看的！

大堂副理：那请您到我办公室，咱们慢慢说好吗？

客人：好吧。

大堂副理：张女士，您请坐！先喝杯水。（一同坐在沙发上）

客人：我真倒霉！还没出门就撞了头，连丝袜都破了。你们这是什么酒店……

大堂副理：在这儿让您遇到这样的麻烦，我再次代表酒店向您表示歉意。这完全是我们的失误。谢谢您及时跟我说这件事情。张女士，如果我没听错的话，您刚才的问题主要是旋转门碰了您的头，还勾破了您的丝袜，是吗？

客人：是的，你说怎么办吧？

大堂副理：张女士，您看这样好吗？首先在您住店期间发生这样的不愉快，我代表酒店再次向您道歉！然后我马上带您到医务室看医生；碰坏了您的丝袜，随后酒店会为您重新买一双作为对您的补偿。

客人：你这人态度还真不错。看医生就不必了，我现在头不怎么疼了。买袜子就免了吧。

大堂副理：您真是通情达理，非常感谢您的体贴！这样，下次您再住店时，酒店一定给您七折的优惠。

客人：好吧。

大堂副理：再次感谢您给我们提出了问题。

客人：好了，好了，我还得出门呢。

大堂副理：请您慢走！

客人：再见！

大堂副理：再见！

（事后，致电客人）

大堂副理：张女士，您好！我是大堂副理。您的头没有什么大碍吧？

客人：没事了。

大堂副理：张女士，非常感谢您向我们诉说问题，我们一定会更好地改进服务质量。希望您下次入住时一切都能令您满意！

客人：好的，谢谢！

大堂副理：不客气，能为您服务我感到非常荣幸！

客人：再见！

大堂副理：祝您入住愉快！再见！

【课堂组织】

一、班前会

根据全班人数分成 10 个小组，模拟酒店前厅部员工开班前会：

1. 上课铃响，集合、点到；

2. 检查仪容仪表；

3. 任课教师模拟领班或主管发言：总结前一天工作情况，安排今天的工作任务。（复习上节课知识点，布置实训课内容）

二、教师示范

1. 教师讲解实训课教学内容、教学目的；

2. 教师讲解相关知识；
3. 观看教学录像；
4. 教师简单讲解操作程序及要点；
5. 教师模拟工作示范。

三、学生训练、教师巡查

（一）基本训练

1. 按照两人一组，使用道具和正式表格，模拟工作操作。
2. 学生交换角色，再次进行操作技能训练。

（二）应变训练

1. 将每组学生一分为二，与另一组学生配合，分别模拟，要求模拟客人的学员在预订过程中尽量想出各种合理的特殊要求，请模拟预订员的学员应答。
2. 将两组学生模拟的角色变换后，再进行一次练习。

四、案例实训

（根据投诉的基本原因分类列举三个简单案例）

案例一

A 女士到某地旅游，入住了当地一个二星级酒店，在卫生间洗澡时，因为浴缸里面没有防滑垫，所以不慎滑倒，腿部出现伤痕。当时行动不便，A 女士非常生气，打通了总台的电话投诉。

案例二

B 先生在某酒店住了两个晚上，第三天结账后检查账单时发现，前台收银给他的账单中有 20 元钱的送餐服务，但是他并没有以任何方式要过房内送餐，所以 B 先生马上把账单拿到大堂副理面前，要求给一个说法。

案例三

C 先生是某酒店的老客户。一天，他和往常一样来到礼宾台，要求寄存手提包。因为匆忙，他要求行李员不必开行李寄存的手续，只是说："一会儿就来拿。"当 C 先生在晚上 10：00 回到酒店领取手提包时，却发现找不到了。于是，C 先生非常生气，声称包内有重要文件和很多现金，要求酒店处理有关人员，并赔偿他的损失。

1. 学生案例演绎

教师将案例背景简单介绍后，学生根据案例需要，以小组为单位演绎案例。

2. 展示完后进行集体讨论分析，交流各自意见
3. 教师案例分析总结

案例一： 马上派人去察看 A 女士的伤势，看是否需要到医院检查和治疗，并表示歉意，所有费用由酒店承担，然后提供赔偿或打折等解决方案。

案例二： 找到收银员和餐饮部的账单，查明原因，如无误，表示理解；如有误，则退回款项，表示歉意。

案例三： 服务员没有按照规范提供服务，酒店要提供相应的赔偿。

五、实训总结

（一）由教师讲解操作要点

对待客人投诉应持有的基本态度：

1. 欢迎和理解
2. 认真倾听
3. 仔细了解
4. 给予安慰
5. 真诚解决问题
6. 不与客人争辩

（二）回答学生提问

（三）教师根据学生实训情况进行总结表扬

【实训考核】

宾客投诉处理服务实训测试表

班级：________________　姓名：________________　时间：________________

检查项目和内容		分值	得分
接到投诉	认真倾听，准确了解每一细节	5	
	保持目光接触，以示尊重	5	
	询问客人的姓名和房号	10	
	做简短记录	10	
安抚客人	向客人表示同情	5	
	做一个简短清晰的道歉	5	
采取措施	集中全力处理投诉	5	
	注意时效	5	
	告知客人处理方式	10	
	不可同意职权外的赔偿或让步	5	
回复客人	亲自将处理结果告诉客人	10	
	再次表示歉意	5	
记录存档	对客人的宝贵意见表示感谢	5	
	将事情的全部经过记录在案	5	
礼仪		10	
总分		100	

【情景创设】

1. 主题：客人丢失手机。
2. 地点与情景：海湾大酒店前厅。

3. 内容：某住店客人，下午乘出租车来到酒店，回房间后发现自己的手机丢失了，于是打电话请求大堂副理协助寻找，作为大堂副理，你将如何处理？

4. 操作要求：两名学生共同合作，找出合理的解决办法，并以书面的形式写出解决办法。

实训项目十八　散客结账服务

【实训目的】

通过实训，学习散客结账服务的工作内容和程序

【实训时间】

12 学时

【实训准备】

实训场地准备：模拟前厅

实训用品准备：房卡、钥匙、点钞券、信用卡、账单、笔

仪容仪表准备：学生统一着制服，女生盘发

【相关知识】

知识点一　若客人要用信用卡结账，则要注意做好“验卡”工作

1. 辨别信用卡的真伪。检查信用卡的整体状况是否完整无缺，有无挖补、涂改的痕迹；检查防伪反光标记的状况；检查信用卡号码是否有改动的痕迹。
2. 检查信用卡的有效日期及使用范围。
3. 检查信用卡号码是否在被取消名单之列。
4. 查看客人的信用卡是否为本酒店所接受的种类。

知识点二　如果客人用支票结算，则要注意以下几点

1. 检查支票是否过期，金额是否超过限额。
2. 检查支票的真伪，注意辨别哪些银行已通知停止使用的旧版转账支票。
3. 检查支票上的印鉴是否清楚完整。

散客退房程序与标准

序号	程序	标准要求
1	做好准备工作	前台夜班接待员要统计次日预期离店客人数，做好离店客人表，汇总客人的各类消费
2	接待客人	确认客人的姓名和房号，根据客人的信息，打印账单，请客人审核、确认，并在账单上签字，收回客房钥匙

续表

序号	程序	标准要求
3	电话通知楼面服务员查房	避免客人对客房内部设施、非一次性用品造成的损失和缺失，还可以掌握房内小酒吧的使用情况，保障酒店的利益不受到损害 注：①工作人员一定要等客房中心检查完后，特别是在酒水以及小物件保证没缺损的情况下，才能为客人结账；②当发现客人私自拿取客房物品时，要婉转提醒客人，不能引起客人不满。当把握不好尺度时，可以交领班或主管处理
4	主动询问客人是否有其他消费	如：电话费、早餐费等
5	为客人结账、结款	① 现金结算。收款时要按照发票总金额冲减客人预先支付的押金，当客人预付的押金大于实际消费额时，应把差额退给客人。收银员收到客人的现金时要唱收现金，复核钱款无误后在发票上盖上"收讫"印章，然后将发票的"客人联"与找零一同交给客人，并向客人表示感谢； ② 信用卡结算
6	欢送客人	祝其旅途愉快，欢迎再次光临
7	更改客房状态	将该住客房转换为走客房

团队退房程序与标准

序号	程序	标准要求
1	做好准备工作	提前准备团队账单，在团体离店前半个小时，主动与团队领队、陪同联系，要求协助收款
2	确认客人的姓名和房号	复述客人房号并查看团队用房名单，核实该房间是否为此团队的房间，然后称呼姓名予以确认
3	电话通知楼面服务员查房	避免客人对客房内部设施、非一次性用品造成的损失和缺失，还可以掌握房内小酒吧的使用情况，保障酒店的利益不受到损害
4	结算客人消费情况	打印团体消费账单，请领导确认，团体是合同结账，需领队签字后，保存账单；团体是现付，则要求确认后及时付款
5	调出客人私账，为客人结款	询问客人自己消费情况，如：电话费、早餐费等，打印明细账单，请客人核对各项消费、结账
6	收回房卡钥匙	收回房卡钥匙，与领队一一核对
7	更改客房状态	将该住客房转换为走客房

情景模拟

散客离店结账

收银员：您好！我能帮您吗？

客　人：我要退房。

收银员：好的，请您给我房卡、钥匙好吗？

客　人：给你。

收银员：谢谢！张先生，请您稍等！（致电客房中心）您好！8608 退房，再见！

客　人：好的。

收银员：张先生，请问，您在半个小时之内有过什么消费吗？

客　人：没有。

收银员：好的。您住得还满意吗？

客　人：还行吧。

收银员：希望下次入住一切能令您更加满意。

客　人：但愿。

收银员：张先生，这是您的账单，请您过目。

客　人：没问题。

收银员：好的。张先生，请您在账单上签名。

客　人：好的。给你！

收银员：谢谢！您是以现金结账，对吗？您一共消费 8800 元，已收您 9000 元。

客　人：是的。

收银员：找您 200 元，请您连同账单一并收好。

客　人：谢谢！

收银员：不客气，能为您服务我感到荣幸！张先生，我能为您的下次出门旅行提前订房吗？

客　人：不必了。

收银员：好的。我们期待着您的再次光临！祝您旅途愉快！

客　人：再见！

收银员：再见！

中英文实例

散客结账的操作程序（现金支付）

主动迎接客人，表示问候，问清客人姓名、房号，迅速找出账卡，同时收回房卡、钥匙、押金收据。

Good morning, sir. Would you like to check out? please show your room key、room card and the room deposit receipt.

先生，您好，退房吧？请您出示钥匙、房卡和押金收据。

Mr. Li, your room number is 808, here is your bill, please check it.

李先生，808 号房，这是您的账单，请您核对一下。

安排查房后委婉地询问客人是否有最新消费。

Mr. Li, have you comused anything this morning such as any drink in your room?

李先生，您今天上午有没有进行消费，比如房间酒水饮料？

查好房后，打出客人消费账单，客人确认后请客人在账单上签字。

Mr. Li, would you please sign it if there is no problem?

李先生，如果账单没问题的话请您在这签字好吗？

查房慢时可以跟客人沟通，询问客人对酒店服务的满意程度。

为客人找零并开具发票，礼貌道别。

Mr. Li，your bill comes to 2580 Yuan，you have paid 2800 Yuan for room depose-it，here are you 220 Yuan and the receipt.

李先生，总计消费2580元，您付了押金2800元，这是220元和发票，请您收好。

Thank you for staying in our hotel. Have a good trip.

谢谢您光临本酒店，祝您旅途愉快！

或者按规定刷信用卡结账；或者按规定办理挂账手续。

在账单上打“PAID”印记，使账单的余额变成零，然后将一联交给客人作为收据，另一联转送会计组，将金额填入现金收入日报表。

将客人的登记表盖上时间戳送交接待处，以更改客房状况。

【课堂组织】

一、班前会

根据全班人数分成10个小组，模拟酒店前厅部员工开班前会：

1. 上课铃响，集合、点到；
2. 检查仪容仪表；
3. 任课教师模拟领班或主管发言：总结前一天工作情况，安排今天的工作任务。（复习上节课知识点，布置实训课内容）

二、教师示范

1. 教师讲解实训课教学内容、教学目的；
2. 教师讲解相关知识；
3. 观看教学录像；
4. 教师简单讲解操作程序及要点；
5. 教师模拟工作示范。

三、学生训练、教师巡查

（一）基本训练

1. 按照两人一组，使用道具和正式表格，模拟工作操作。
2. 学生交换角色，再次进行操作技能训练。

（二）应变训练

1. 将每组学生一分为二，与另一组学生配合，分别模拟，要求模拟客人的学员在预订过程中尽量想出各种合理的特殊要求，请模拟预订员的学员应答。
2. 将两组学生模拟的角色变换后，再进行一次练习。

四、案例实训

酒店收银被骗

某日晚7点，一位穿着体面的35岁左右的男子，打着电话走向某酒店总台收银处，掏出一整打50元面额的现金（共5000元），一边打电话一边拿现金伸手递向一位新来不久的收银员，说要换整，收银员询问男子住在哪个房间，此男子回答说是在等朋友来定房的，一边对着电话说："快一点，我在大堂吧等你……"收银清点此人递来的现金，没错5000元整，于是点出100元面额共5000元交给此人，此人电话架在脖子上，边打电话，边清点，突然对这位收银员说："你怎么给我换钱，我是要存钱的（付定金）的。"一边把钱又递给收银员，当收银员接到钱后，关掉电话，又改口说："算了，等朋友来了他来付，你把我前面给的还我……"此时因为较忙，拿出此人付的5000元一起交给了他。急忙给一位客人结账，回过来清点刚才的现金后发现，少了1000多元，此时那个人已不见踪影。（事后查看监控录像，此人估计经过了踩点，进入大厅直接奔收银处，中途掏出电话佯装打电话，绝对有备而来）

案例点评：

作为酒店收银员，为客人提供优质服务，比如换零钞什么的无可非议，但时刻要有安全意识，时刻都要有所警惕。对一些不符常规的情况，更要有所判断和警惕。对于现金的进出，必须要有进出立即清点的习惯。

8000元"新版"港币？

凌晨02：00左右，两位装束不凡的香港客人向酒店总台走去。客人甲在办理好入住手续时，拿出8张面值1000元的港币要求兑换人民币。小王接过这些港币觉得有些异样且数目较大，便又退回甲客人说："很抱歉，我们总台没有足够的现金兑换，你还是等到明天吧。"见状，甲客立即说："我们现在有点急事需用钱，你能不能帮我们想想办法。"并着重说明这是新版的港币。接着乙客也用生硬的普通话说："如果你们不兑换的话，那我们就去别的酒店。"小王怕失去这两位客人，又觉得两位客人衣着不凡就消除顾虑，便为客人兑换了8400元人民币。5分钟后，小王觉得不放心，便向其主管汇报，后经确认发现此"新版"的港币全是秘鲁币，只不过是在钱币上印有港元、发行行、发行时间等字样，主管立即通知保安和楼层服务员查房，发现客人根本未入房，丁是向派出所报案。

案例点评：

类似案例，星级酒店发生过好几起，对案例进行分析，有几点值得防范：

1. 酒店平时对员工的培训，往往过分强调"客人至上""顾客是上帝"等服务理念。事实上，在培训中也要提供一些负面案例，以提高员工的警惕性。

2. 收银员小王请示不及时，可以假设，如果小王在客人要求兑换人民币时及时请示其主管，可以肯定被骗事情就不会发生。

3. 酒店应及时加大并强化对新外币知识的培训，从案例中可以看出收银员小王对新发行的港元知识不熟悉是导致其受骗的一个重要原因。

4. 一般而言，星级酒店在夜间为客人兑换外币，在数量上是有明确规定的，收银员小王之所以敢违规为客人兑换数额较大的外币，一是因为太相信客人；二是因为怕失去两位客人。因此，在培训员工时：切记不能“以貌取人”；同时也不能盲目地为留住客人而忽略自身的工作职责。

1. 学生案例演绎

教师将案例背景简单介绍后，学生根据案例需要，以小组为单位演绎案例。

2. 展示完后进行集体讨论分析，交流各自意见

3. 教师案例分析总结

五、实训总结

（一）由教师讲解操作要点

（二）回答学生提问

（三）教师根据学生实训情况进行总结表扬

【实训考核】

散客结账服务实训测试表

班级：________________ 姓名：________________ 时间：________________

检查项目和内容	分值	得分
1. 主动迎接客人，表示问候，问清客人姓名、房号，迅速找出账卡，同时收回房卡、钥匙、押金收据	20	
2. 安排查房后委婉地询问客人是否有最新消费	20	
3. 查好房后，打出客人消费账单，客人确认后请客人在账单上签字	20	
4. 为客人找零并开具发票，礼貌道别	20	
5. 礼仪	20	
总分	100	

【情景创设】

1. 人员：前厅服务员和客人。
2. 地点与情景：海湾大酒店前台。
3. 结账内容：客人原订的三间房住三天，现改为两间房住两天。
4. 操作要求：两名学生共同合作，共同完成一段离店结账对话。

FRONT DESK SERVICE

Ⅰ. NORMAL PROCEDURE

Reservation→Guest Arrival→Check-in→Bringing the Guest to Room→Delivering Bags→Bringing Baggage Down→Check out

Ⅱ. CLERK

1. Reservationist
2. Receptionist
3. Cashier
4. Doorman
5. Bellman

Ⅲ. SENTENCES

1. Good morning, sir/ma'am. This is Room Reservations. May I help you?
早上好 先生/女士。这里是客房预订处。请问有什么能帮助您的吗?
2. For which date? /For how many nights?
请问从哪一天开始入住? 请问您住几晚?
3. For how many people will there be in your party?
请问您一共有几个人入住?
4. What kind of room would you like?
请问您要住什么类型的房间?
5. What kind of room would you prefer, a single room or a double room?
您想要哪一种房型的房间，单间还是双人房?
6. For a single room the price would be RMB235 Yuan.
单人房间的价格是人民币 235 元。
7. I'm sorry, but we are all booked for next week. Is it possible for you to change your reservation date?
对不起，下个星期的房间都被订满了。您可不可以改变预订的日期?
8. Please stand in line for registration, sir/ma'am.
请您排队登记，先生/女士。
9. May I have your name and your initials, please?
我能知道您的姓氏和名字的开头字母吗?
10. Could you ask you to put your name in block capitals?
请用大写字母写您的名字好吗?
11. I can book you a room for the... (date)
我可以为您安排一间某月某日的房间。

12. May I have the date of your reservation, please?
我能知道您预订的具体日期吗?
13. Thank you for waiting, sir/ma'am. Your room is confirmed for that date, We look forward to serving you.
谢谢您的等候，先生/女士。您的房间已经办理好确认手续，我们期望您的光临。
14. Do you remember the name of the reservation clerk?
您还记得为您办理预订手续的预订员的姓名吗?
15. When was the reservation made?
请问您办理预订的具体时间?
16. Do you have any baggage in the trunk?
您有几件行李在后备箱?
17. Is this all your baggage , sir/ma'am?
这是您所有的行李吗?
18. May I help you with your bags, sir/ma'am?
我能帮您拿行李吗?
19. A bellman will show you to the front desk.
一个行李员将带您去前台。
20. Welcome to our hotel. How many pieces of baggage do you have?
欢迎光临我们酒店。请问您一共有几件行李?
21. I'll show you to the Front Desk. This way, please. Another bellman will show you to your room when you have finished checking in.
我将带您去前台。请这边走。另一名行李员将在您办理完登记手续后带您去房间。
22. Do you have a reservation, sir/ma'am?
请问您有预订吗?
23. Sorry, since most of the rooms are occupied at the moment, we can only give you two rooms on different floors. Will that be all right?
对不起，因为大多数房间都住满了。我们只能给您两个不同楼层的房间，可以吗?
24. Could you fill out the registration form, please?
请您填写这张登记表好吗?
25. May I reconfirm your departure date?
我能再次确认一下您的离店日期吗?
26. How would you like to make payment?
您想用什么样的方式付账?
27. May I see your passport/ID card?
我能看一下您的护照/身份证吗?
28. Please pay the surcharge (deposit) over there first.

请您先到那边付订房的定金。

29. Do you have a letter or telex confirming the reservation?
    您是否收到过确认您的预订的信或者电话?
30. I'm sorry, but I haven't got any record of that.
    对不起，我们这里没有您预订的记录。
31. If you leave after 6：00 p. m. , you'll have to pay the full account.
    晚上 6 点以后退房，按全天收费计算。
32. You'll have to pay half of the rate more if you leave after 12：00.
    如果您在中午 12 点之后退房，您必须多付一天的房费。
33. Could you sign your name, please?
    请您签名好吗?
34. Could you please put your nationality here, sir/ma'am?
    请您将您的国籍写在这儿好吗?
35. Could you keep your room card until you check out?
    请您在住宿期间自己保管房卡，直到结账离开。
36. Don't worry, sir/ma'am. Your baggage will be sent up at once.
    别担心，您的行李很快就会送上去的。
37. Please take the passenger lift over there, sir. Baggage should be taken by the freight lift.
    先生，请您乘坐那边的客梯。行李要从货梯上去。
38. Is there anything valuable or breakable in your bag?
    在您的行李当中有贵重或者易碎的物品吗?
39. Please take the elevator on your right. After you, sir.
    请您乘坐靠右边的电梯，您先请。
40. Here is your room card. Is there anything else I can do for you?
    这是您的房卡。还有什么我可以为您效劳的吗?
41. I'm afraid there is no guest with that name, We have a guest with a similar name. Would that be him?
    抱歉，这里没有客人叫这个名字。我们有位客人和这个名字很相似，会不会是他?
42. I'm afraid we can only take simple message.
    抱歉，我们只能转达简短的留言。
43. Could you come down to the Bell Captain's Desk with your claim tag to pick up your bags, sir/ma'am?
    请您带着您的取物条到楼下大堂行李处领取您的行李，好吗?
44. Please pick up a long term storage tag at the Bell Captain's Desk.
    请您拿着您的长期存放标签来大堂行李处领取您的行李。
45. I'm afraid we cannot be responsible for any damage.
    恐怕我们不能对任何损坏负责。

46. What kind of credit card do you have?
请问您持有哪一种信用卡?
47. What is the exchange rate for today?
今天的兑换率是多少?
48. Our check-out time is noon, but you used the room until 6 p. m. I'm afraid that for late check-outs we change an extra 50% of the room rate.
我们的退房时间是中午 12 点，但是现在已经是下午 6 点了。恐怕我们要加收房费的 50% 的延误费。
49. Did you have breakfast this morning?
您今天早上用过早餐吗?
50. Would you like to check and see if the amount is correct?
请您过目一下您的账单是否正确?